Découvrez l'histoire par les archives de presse

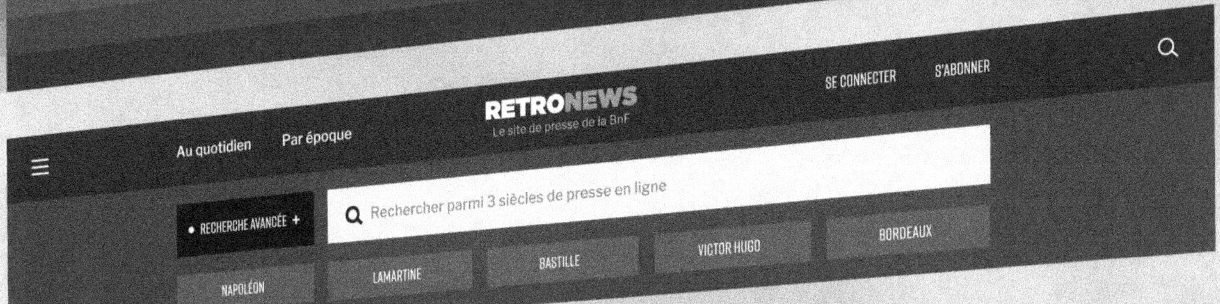

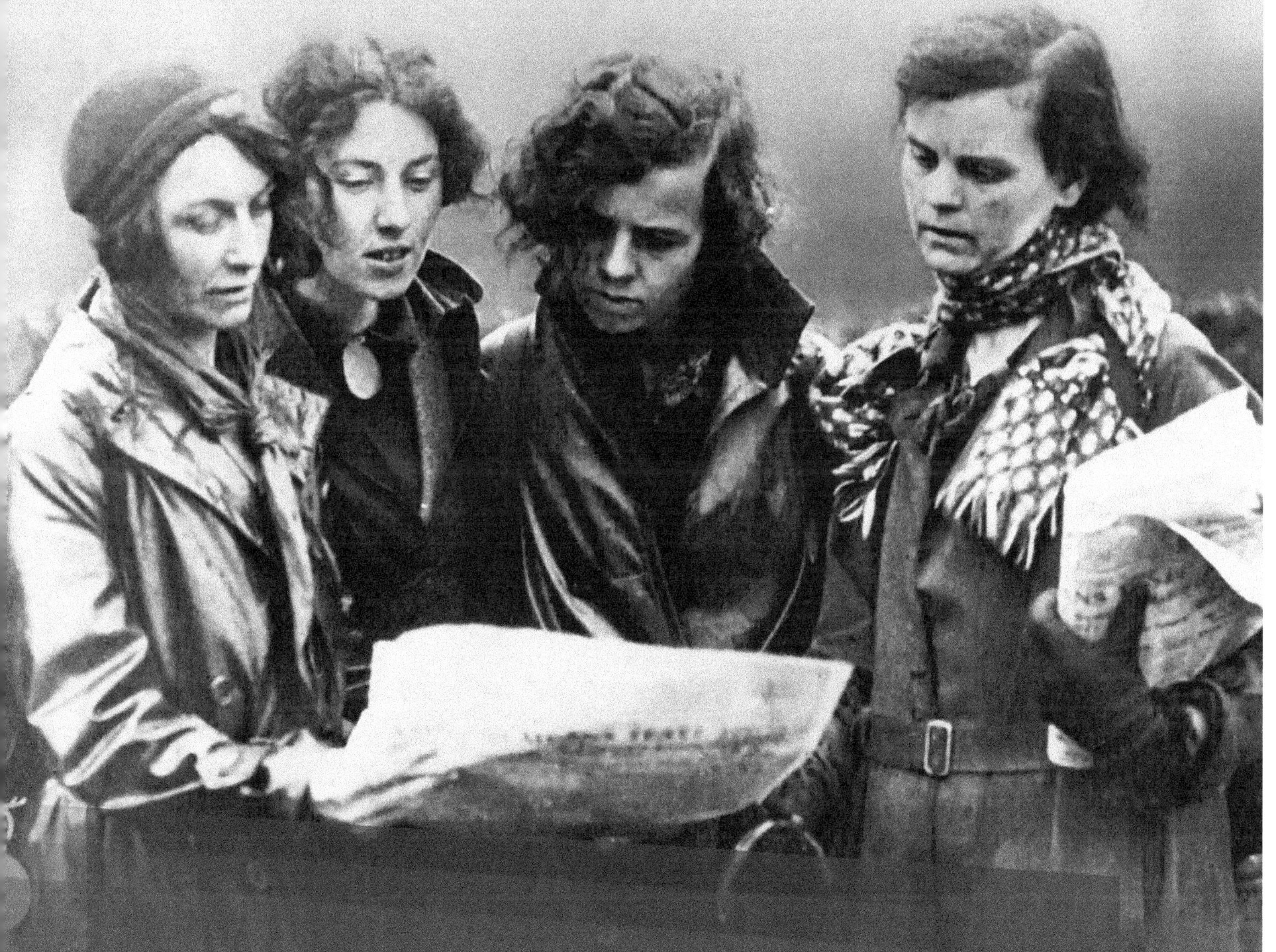

RETRONEWS

Le site de presse de la BnF

www.retronews.fr

N° 9 (tome IV)   juillet 1887

Un an : Paris, 15 fr.; départements, 16 fr.; étranger, 17 fr. — Six mois : 8 fr., 8 fr. 50, 9 fr.
Édition de luxe, sur grand papier et illustrée, un an : 100 fr.

LA REVUE
indépendante

DE LITTÉRATURE ET D'ART

paraissant à Paris le premier de chaque mois

Bureau : rue Blanche, 79

SOMMAIRE

La revue ne publie que des œuvres absolument inédites.

LA REVUE INDÉPENDANTE DE LITTÉRATURE ET D'ART

Directeur:
ÉDOUARD DUJARDIN.

Secrétaire de la Rédaction:
JEAN AJALBERT.

La Revue a publié : **En rade**, roman de J.-K. HUYSMANS;

elle publie : **Les lauriers sont coupés**, roman d'E. DUJARDIN.

La Revue a publié jusqu'à ce jour des articles de MM. de Banville, Barbey d'Aurevilly, Bourget, Tola Dorian, de Fleury, de Fourcaud, Anatole France, Geffroy, de Goncourt, Guiche, Hennique, de Hérédia, Hervieu, Huysmans, Laforgue, Lavedan, Lemonnier, Maizeroy, Mallarmé, Maus, Mirbeau, Moore, Rzewuski, Verlaine, Villiers de l'Isle-Adam, de Wyzewa, etc.

La Revue Indépendante ne publie que des œuvres absolument inédites.

Edition de luxe

(édition des Fondateurs-Patrons)

tirée sur grands papiers de luxe et illustrée : un an... 100 francs.

Tome I, sur papier du Japon :	*Tome III, sur papier de Chine:*
N° 1 : 4 dessins de WHISTLER.	N° 6 : 1 lithographie de REDON;
Tome II, sur papier de Hollande :	N° 7 : 3 croquis de HELLEU;
N° 3 : 2 eaux-fortes de BESNARD;	N° 8 : 1 eau-forte de BOIS-SEIGNEUR.
N° 5 : 2 eaux-fortes de LEWIS-BROWN.	*Tome IV, sur papier teinté.*

En vente au bureau de la Revue
(*Envoi franco par la poste*)

COLLECTION COMPLÈTE DE

L'ANCIENNE REVUE INDÉPENDANTE

Série de 1884-1885

Premier volume : mai-octobre 1884 . . . . 6 fr.
Second — octobre 1884 - avril 1885 . . . . . . 6 "
Série in-8°, 1er mai 1885 (un seul numéro). . . . .
L'Evolution sociale (trois numéros). . . .

COLLECTION COMPLÈTE

DE LA VOGUE

avril-décembre 1886

Premier tome : avril-juillet. . . . . 6 fr.
Second — juillet-octobre . . . . 6 "
Troisième — octobre-décembre. . . . . 6 "

Les trois tomes, sur japon . . . . 120 "

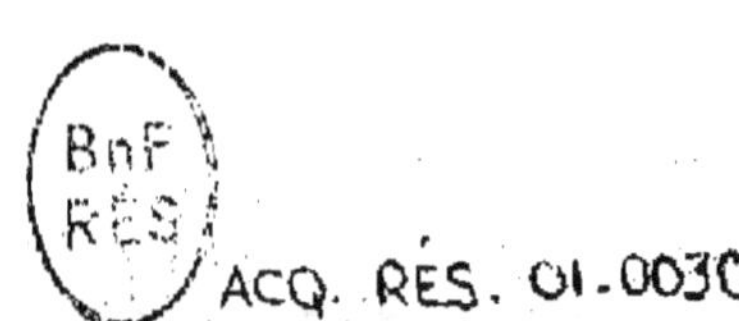

Suppl'ment à la Revue Indépe .dante de juillet 1887.

A la Revue Indépendante, rue Blanche, 79, à Paris

PUBLICATION MANUSCRITE AUTOGRAPHE

de l'ensemble des œuvres poétiques détachées, dont quelques **inédites**

DE

STÉPHANE MALLARMÉ

tirée à 40 exemplaires selon les procédés les plus récents de l'autographie

avec un ex-libris original de Félicien Rops

La collection est répartie en 9 fascicules distincts.

Chaque fascicule comprend : 1° *le texte autographe* d'un poème ou d'un groupe de poèmes, tiré à la presse lithographique sur papier à la forme, grande coquille de 25 kilos, de la manufacture impériale du Japon ;

2° *une couverture*, contenant le titre du fascicule avec le numéro de l'exemplaire, tirée à la presse typographique, sur papier-feutre, raisin, de la manufacture de Tokio (Japon) ; les couvertures seront en outre revêtues de l'estampille de la Revue Indépendante.

Le tirage est de 40 exemplaires, numérotés à la presse, signés et estampillés comme il vient d'être dit ; après le tirage du dernier exemplaire de chaque fascicule, les pierres sont barrées et une épreuve justificative de cette radiation est tirée.

Le tirage commencé en avril 1887 sera achevé dans l'année.

Le prix est de 100 francs, dont la moitié payable à la livraison du premier fascicule, la moitié à la livraison du dernier. A partir du 1er mai, au fur et à mesure de leur publication, chacun des fascicules non souscrits est vendu séparément, aux conditions indiquées.

TABLE DES FASCICULES

POÈMES ANCIENS, un fascicule de 8 pages.................. 20 fr.
   Le guignon, placet, apparition, le pitre châtié (inédit).

POÈME DU PARNASSE SATIRIQUE, un fasc. de 4 p........... »
   « *Une négresse...* » (ne sera pas vendu séparément).

LE PREMIER PARNASSE CONTEMPORAIN, un fasc. de 16 p... 30
   Le sonneur, à celle qui est tranquille, vere novo, l'azur, les fleurs, les fenêtres, soupir, brise marine, à un pauvre, épilogue, tristesse d'été.

AUTRES POÈMES, un fasc. de 4 p.......................... 10
   Don du poème, sainte, éventail, « *La nuit...* » (inédit).

Hérodiade, avec complément inédit, un fasc. de 12 p........ 30

L'après-midi d'un faune, un fasc. de 6 p................... 10

Toast funèbre, un fasc. de 4 p.......................... 10

Prose pour des Esseintes, un fasc. de 4 p................ 10

DERNIERS SONNETS, un fasc. de 12 p.................... 30
   Le tombeau d'Edgard Poe, « *Quand l'ombre...* », « *Quelle soie...* », « *Le vierge...* », *Hommage,* « *M'introduire...* », « *Toujours plus souriant...* », « *Tout orgueil...* », « *Surgi...* », « *Une dentelle...* », *autre sonnet.*

Le titre et l'ex-libris de Rops ne sont pas vendus séparément

Prix : cent francs

M ....

demeurant à ....

....

souscrit à l'un des quarante exemplaires

de l'édition de la Revue Indépendante des ŒUVRES DE STÉPHANE MALLARMÉ *au prix de cent francs payables moitié à la livraison du premier fascicule, moitié à la livraison du dernier.*

.... , le 188

Signature :

A M. l'Administrateur de la Revue Indépendante,
Paris, rue Blanche, 79.

LES LIVRES

Œuvres posthumes de Baudelaire
et de Victor Hugo

Dans un article, subtil et récent, de la *Revue des Deux-Mondes*, M. Brunetière, notant l'influence détestable de Baudelaire sur la littérature contemporaine, affirmait (je n'ai point gardé le souvenir exact de la phrase) que tels écrivains mépriseraient bien, aujourd'hui, les *Fleurs du Mal*, s'ils ne craignaient les gronderies de M. Jean Moréas et de M. Teodor de Wyzewa. J'ignore entièrement — et ce m'est un chagrin vif — l'opinion préférée de M. Moréas sur Baudelaire comme sur M. Brunetière : je n'ignore pas, en revanche, que M. Brunetière a joint mon nom au nom de M. Moréas simplement parce qu'il le croyait exotique, ou par ce qu'il en a aimé l'euphonie, ou bien encore à tout hasard, de même façon qu'il eût pu citer les noms de MM. Baju et Eudes Bonin, deux miens confrères, symbolistes et décadents ainsi que moi. J'avoue, cependant, que l'honneur de cette citation, pour être fortuit, m'a gêné un peu. J'avais toujours échoué — et malgré quels prodiges de bonne volonté ! — dans mes périodiques efforts à admirer les *Fleurs du Mal*. Et j'eus grande peur qu'il ne me fallût, désormais, acquérir à tout prix cette admiration, sous peine de partager le sentiment de M. Brunetière !

J'ai relu les *Fleurs du Mal* : j'ai médité devant les écrits posthumes de Baudelaire, récemment publiés par M. Crépet (1). Et j'ai vu que longtemps encore l'extase baudelairiste me serait refusée par une destinée que n'émouvait point mon vigilant désir. Mais aussi j'ai aperçu — et j'en eus, si j'ose dire, une consolation — que sur ce sujet, comme sur tous autres, mes certitudes demeuraient à l'inverse de celles de M. Brunetière.

Car chez nul artiste autant que chez Baudelaire n'est aisée et légitime la distinction de l'homme — avec ses vertus, ses costumes, ses projets — et de l'œuvre d'art par cet homme créée. Or l'on sent clairement que l'indignation de M. Brunetière, comme de maints respectables esprits, va surtout à l'homme que fut Baudelaire : et l'admirable biographie de M. Crépet, les lettres et notes intimes de Baudelaire, m'ont encore montré combien fut, en réalité, bellement sage et noble la précieuse âme de ce poëte Dans les souvenirs de ses contemporains, dans ces lettres, cette biographie, je l'ai reconnu serviable et délicat ; avec un méritoire souci de la sincérité morale ; avec, pour le sort de ses amis comme de ses écritures, une charmante sollicitude d'artiste. Mais il m'apparaît exemplaire, aussi, par sa continuelle recherche des feintises intellectuelles, des allures étranges et variées, de ce que MM. Brunetière dénomment haineusement « des poses ». Baudelaire avait compris que la dignité de la vie devait être à se recréer, à ne point subir, ou du moins à ne point laisser voir, notre nature naturelle : toujours honteuse, puisqu'elle nous est imposée. Refaire sans cesse son âme, et l'aspect de

(1) Baudelaire, *Œuvres posthumes* (Quantin).

son âme, à chacun s'offrir toujours sous une forme
neuve, gagner ainsi quelque mérite à être ce que l'on
est : ce serait la tâche morale la plus noble, si je ne lui
jugeais supérieure encore celle de négliger tout à fait
la réalité habituelle, pour transporter dans l'Art le superbe désir d'une vie factice, volontairement constituée.
De quel droit nous condamne-t-on à nous montrer tels
que la nature nous a faits; et pourquoi ne pas admirer le
hautain mensonge d'une âme s'obstinant à oublier, à
cacher, la misère naturelle ?

Ainsi s'est manifesté très admirable le caractère de ce
poëte : à Gautier, à Asselineau, à Sainte-Beuve, à tous
ceux qui ne furent pas écartés de lui par leur fatuité
ou leur inintelligence. Et c'est surtout, je crois, dans le
prestige de son caractère, de sa conversation, de ses
paradoxes et de ses attitudes que doit être cherchée la
cause de son extraordinaire influence sur les littérateurs
de son temps et du nôtre.

Je respecte extrêmement la vie de Baudelaire : je suis
moins séduit par son œuvre poétique. Est-ce donc que
les idées de toute sorte, là inaugurées, sont toutes, comme
le croit M. Brunetière, banales, et prétentieuses sans raison? Je crois au contraire que la plupart d'elles étaient,
lorsque Baudelaire les a imaginées, précieusement neuves. Les *Fleurs du Mal* ont vraiment apporté dans l'Art
un frisson nouveau : une forme très originale de pessi-
misme dédaigneux, et, malgré les apparences, anti-sata-
nique, fort peu mystique, plutôt positif. Malheureusement Baudelaire, par le principe même de son tempérament et de sa vie, fut amené à choisir dans l'Art la
fonction dont les effets sont le plus tôt abolis : l'invention
des idées.

Toujours soucieux de se constituer, dans la vie, une
attitude originale, il a surtout exercé son esprit aux
idées, aux paradoxes, aux seules qualités artistiques que

requiert la conversation. Et dans l'Art, comme dans la vie,
il fut occupé surtout par la recherche d'idées, de sentences. Il fut, ainsi, un inventeur merveilleux. Mais il arrive que toutes les inventions humaines perdent vite leur
originalité, par le facile usage où elles descendent; et les
inventions d'idées, sont, parmi toutes inventions, les
plus sujettes à ce discrédit. Et voici que les ingénieux
paradoxes de Baudelaire, les conceptions générales
issues de lui, aujourd'hui nous apparaissent banals et
vieillis : des générations ont vulgarisé, rabaissé, ces trou-
vailles, jadis précieuses.

Baudelaire a eu le tort de consacrer la Poésie à des
inventions d'idées: et ses vers, désormais, ne nous émeu-
vent point. M. Brunetière observe que les chevilles y
sont nombreuses, et les rimes maigres, et que s'y ébat-
tent tels vices prosodiques ou grammaticaux. Mais n'a-
t-il point vu dans l'œuvre de Lamartine les mêmes
vices plus nombreux, et avec un impardonnable aspect
d'écriture trop hâtive ? Et si les vers de Baudelaire nous
sont d'une admiration malaisée, n'est-ce point plutôt qu'ils
nous apparaissent le consciencieux mais stérile effort
d'un artiste à exprimer, par la Poésie, des choses où elle
ne sied point ? Je détesterais, dans les *Fleurs du Mal*,
les idées de tout genre, si même elles n'avaient point
cessé de me paraître nouvelles : mais c'est parce que
la forme du vers, qui s'accommode à la rigueur des idées
banales, déprime, meurtrit, et affuble de quelque pauvre
mine de romance les idées subtiles. Seule dans les vers
doit valoir l'émotion : et l'émotion n'est jamais, par
l'âme toute rationnelle de Baudelaire, vivement et sin-
cèrement perçue. Seule vaut, à traduire l'émotion dans
la poésie, la musique des syllabes. Baudelaire a, certes,
inventé quelques musiques d'une admirable âcreté :
jamais il n'a employé une harmonie préméditée, adaptée
au sujet, variée suivant la série de ses nuances.

La dignité de l'homme est à recréer sa vie; mais à se trop soucier de la recréer dans le monde des réalités habituelles, on risque de ne point garder pour les réalités supérieures de l'art une vertu suffisante de recréation. Il me semble que telle fut l'aventure de Charles Baudelaire. Son histoire est un noble poëme très vivant: ses poëmes ne me donnent point l'impression profonde de la vie. Et je crains que n'aille s'atténuant, pour les générations prochaines, le prestige de ce haut esprit.

Il n'en sera point ainsi de mon maître Stendhal, que M. Brunetière compare à Baudelaire, les déclarant tous deux les monstrueuses idoles du siècle présent. Stendhal aussi fut un inventeur de prodigieuses idées : mais il fut — et cela seul demeure dans son œuvre — un très puissant évocateur d'âmes: aussi différent de Baudelaire que l'est, d'autre part, M. Mallarmé, cité, dans les mêmes lignes, par M. Brunetière. La *Revue des Deux-Mondes* ignore-t-elle donc que M. Mallarmé a, le premier, résolument entrepris une destination musicale de la poésie, et qu'il veut dédier le vers à la restitution vivante d'altières émotions, par un agencement prémédité d'harmonies verbales?

Mais si je ne redoutais d'irriter, à mon tour, M. Brunetière et M. Moréas, je comparerais volontiers Baudelaire à M. Brunetière lui-même. Ces deux maîtres n'ont-ils pas un égal souci des attitudes originales? Baudelaire dénommait André Chenier l'ébéniste de Marie Antoinette : M. Brunetière nous dit que Stendhal est l'idole monstrueuse et honteuse de notre littérature. Comme Baudelaire, M. Brunetière aime la correction extérieure, toutes les décences d'une tenue hautaine. Baudelaire signalait une faute grammaticale dans une lettre que lui écrivait Madame Sand; la critique de M. Brunetière ne s'attache t-elle pas, surtout, à signaler des chevilles, des phrases maladroites ou disgracieuses?

Comme Baudelaire, toujours, M. Brunetière produit un
fort grand nombre d'idées agréables : et les idées de
M. Brunetière, comme celles de Baudelaire, perdront
bientôt leur agrément, par la répétition immodérée que
l'on en fera dans les petits journaux. J'ajouterai que,
par une dernière ressemblance, Baudelaire et M. Brunetière, tous deux impuissants, c'est-à-dire n'ayant point,
malgré leur génie, produit des œuvres artistiques (car le
mot d'impuissant, dont M. Brunetière semble faire un reproche, ne peut avoir d'autre sens) exercent cependant
sur les esprits qui les entourent une action très vive. Les
idées de Baudelaire enthousiasmaient les jeunes poëtes
de Montmartre : les idées de M. Brunetière fascinent les
jeunes prosateurs de l'École Normale Supérieure ; et
pourquoi cette clientèle prétendrait-elle à être plus dédai-
gnée que l'autre ?

En même temps que M. Crépet publiait les œuvres posthumes de Baudelaire, y adjoignant une très
érudite et instructive biographie du poëte, les héritiers
de Victor Hugo nous donnaient un nouveau livre de
cet écrivain regretté. Je ne sais point ce qu'en pense
M. Brunetière, mais je suis sûr que ce volume *Choses
vues*(1), est pleinement admirable, infiniment supérieur à
toutes les œuvres déjà publiées de Victor Hugo.

Évoquer des événements complexes ou grandioses,
ou bien d'effrénées passions, ou bien encore des sites cha-
toyants, ce fut l'effort incessant de Victor Hugo ; mais
toujours la vie manquait à ces évocations, par le vice
d'intentions trop fougueuses, d'une excessive facilité,
d'un entier mépris de l'observation, unique source de
la vie dans l'Art. Et voici que nous trouvons par lui
évoqués des événements, des passions, des sites qu'il

(1) Hugo, *Choses Vues* (Quantin).

à dûment observés, avant de les soumettre à son art :
c'est vingt morceaux exposant des choses historiques ;
non point des reportages, ainsi que l'ont pensé quelques
reporters, mais des peintures artistiques, dressées avec
l'évident souci de l'exactitude vivante.

Et pareillement Hugo, qui n'avait jamais pris soin,
dans ses œuvres antérieures, d'adapter une musique spéciale aux diverses émotions qu'il exprimait, a découvert
ici des phrases d'une extraordinaire musique émotion-
nelle, tantôt graves et attristées, ou bien rapidement
joyeuses. Je sais bien que faire revivre une anecdote du
boulevard — surtout si l'anecdote est vraie — ou bien
un entretien avec le roi Louis Philippe, ce n'est point du
grand Art, et que le grand Art consiste, en revanche, à
raconter l'anecdote d'*Eviradnus*, qui n'a jamais existé,
mais qui aurait existé, s'il avait existé, dans le temps de
la chevalerie. Le dernier livre de Victor Hugo échappe,
ainsi, au grand Art : il montre du moins que Victor
Hugo, qui, dans ses œuvres de grand art était surtout,
lui aussi, un merveilleux inventeur, n'était pas incapable
d'être, dans un art moins sublime et plus salutaire, un
merveilleux artiste.

Philosophie et Critique

M. Desnoiresterres est-il redevable à sa nature, ou
bien à sa très sérieuse et belle érudition, de sa façon
étrangement confuse de penser et d'écrire ? Il nous est
aussi malaisé de restituer le plan de ses phrases que le
plan de ses livres. Lorsque M. Desnoiresterres, notant la
vie d'un personnage, rencontre aux environs quelque
ami de ce personnage, ou sa maîtresse, ou son fournis-

seur, voici qu'il abandonne le sujet d'abord traité pour
courir à de nouvelles biographies. Ainsi nous voyons,
par lui présentées dans ce livre sur Dorat (1), les figures
de Crébillon et de Fréron, de Colardeau, de Marmontel,
de Cubières et de l'aimable Fanny de Beauharnais.
Mais qu'importent des vices de composition, au prix de
variées, innombrables et charmantes anecdotes? Je re-
procherais plutôt à M. Desnoiresterres de ne nous point
offrir assez de renseignements sur les ouvrages des artistes dont il nous indique toutes les actions; de ne pas
assez restreindre, aussi, l'expression de ses jugements
personnels. Son indignation n'est-elle point vraiment
excessive contre le digne Cubières, le guillotineur élé-
giaque qu'un portrait nous indique si jovial et si excellent (2)?

M. Copin a, de même, rangé de bien gracieuses personnes autour de Talma, dans son histoire de ce comé-
dien (3); c'est le sentencieux Geoffroy, Ducis, mademoiselle Duchesnois qui savait réciter Racine, et mademoiselle Georges, qui avait un corps très apprécié.
M. Copin met à ses récits plus d'ordre que M. Desnoiresterres, une écriture plus correcte. D'où vient donc
que la figure de Talma nous apparaisse, à travers son
livre, terne, quelconque, sans nuls traits originaux?
Est-ce encore un résultat de l'érudition; ou bien
serait-ce que les comédiens avaient déjà commencé, en
1810, à devenir une race de sonores néants, incapables
même de ressentir la niaise fatuité dont ils semblent
vivre?

(1) Desnoiresterres, *le Chevalier Dorat* (Perrin).
(2) Je dois rappeler ici que M. Desnoiresterres, malgré ces
insignifiants défauts littéraires, nous a seul donné, dans un
admirable volume, l'histoire de l'incomparable maître Willi-
bald Gluck (*Glück et Piccinni*, Perrin).
3) Copin. *Talma et l'Empire* (Frinzine).

L'érudition de M. Henry a, d'un seul coup, produit quatre volumes, des très petits volumes, à dire vrai, et qui ne sont point tout remplis par les découvertes de M. Henry. C'est ainsi que la biographie de Watteau (1) par le comte de Caylus avait été depuis longtemps publiée par MM. de Goncourt : M. Henry nous révèle seulement quelques variantes, deux ou trois virgules et épithètes qu'il affirme plus authentiques. La dissertation de Voltaire sur la tragédie (2), ornée également par M. Henry de quelques phrases inédites, n'est point, hé'as, devenue moins ennuyeuse après ces additions. *L'Introduction au cours de chimie de Rouelle* (3) renferme une assez instructive histoire de la chimie : est-elle, comme le croit M. Henry, l'œuvre de Diderot ? Ce développeur des idées d'autrui, a-t-il simplement rédigé le cours de Rouelle, ou bien a-t-il pris le soin de délayer lui-même les opinions du bon chimiste ? On doit constater, du moins, que de l'association de Rouelle et de Diderot n'est résultée nulle notion générale un peu neuve ou subtile.

Dans le volume de M. Henry sur le marquis de Sade (4), j'ai vu une admirable lettre de la femme de ce romancier ; le reste des documents recueillis a le tort de nous renseigner bien peu sur le caractère et les opinions du marquis : toutes choses que nous ignorons trop pour pouvoir nous intéresser à ses discussions 'avec ses garde-chiourmes.

M. Dhormois (5) a pour soi-même une estime et un respect que nous partageons extrêmement. Mais peut-

(1) Henry, *la Vie d'Antoine Watteau* (Dentu).
(2) Henry, *Voltaire et le cardinal Quirini* (Dentu).
(3) Henry, *Introduction au cours de Chimie* (Dentu).
(4) Henry, *la Vérité sur le marquis de Sade* (Dentu).
(5) Dhormois, *la Comédie Politique II*, (Ollendorff).

être aurions-nous préféré voir, dans son livre, moins de pages émues sur sa préfecture en Corse, son abnégation, son talent de sécrétaire rédacteur, et y trouver un plus grand nombre de révélations sur la rivalité de MM. Simon et Gambetta, sur la vie intime et familiale de M. Thiers. Il a noté pourtant quelques anecdotes charmantes, et de bien délicieux entretiens.

M. de Kératry (1) est remonté à travers le passé pour y cueillir des nouvelles historiques et sentimentales ; le livre de M. Bastard (2) est plus documentaire ; tous deux auront une très haute valeur littéraire aux jours prochains où chacun de nous retrouvera — sous la nécessité de circonstances cruelles — la curiosité des études stratégiques et des chansons tricolores.

Durant dix mois, M. Lieussou (3) a voyagé à l'entour du monde : trop pressé, comme tant d'autres, pour rien voir minutieusement, il a du moins trouvé le temps de compulser et de citer tous les livres de statistique, de géodésie et de géographie concernant les lieux où il passait. Son volume, avec les images qui le décorent, est ainsi fort instructif : il serait même assez lisible, si M. Lieussou n'avait cru devoir rédiger son récit dans quelque fâcheux style suisse, encombré de métaphores et de gaucheries.

Après Platon et Kant, M. Coquelin Cadet (4) explique les causes et note les caractères du rire : de très alerte et spirituelle façon, avec des exemples souvent fort risibles. Pourquoi seulement M. Coquelin s'est-il ingénié à vouloir nous prouver que les plaisanteries de M. Dumas méritaient notre rire ? Et pourquoi n'a-t-il pas

(1) De Kératry, *A travers le passé* (Ollendorff).
(2) Bastard, *Sanglants combats* (Ollendorff).
(3) Lieussou, *Dix mois autour du Monde* (Ollendorff).
(4) Coquelin Cadet, *le Rire* (Ollendorff).

accompagné ses dissertations d'images plus divertissantes que les maladroits et banals dessins de M. Sapeck ?

Les chroniques de M. Bergerat (1) sont amusantes malgré que l'on y trouve rarement plus d'une seule plaisanterie par article, et que cette plaisanterie unique soit un peu facile. Le tort principal de M. Bergerat est une admiration vraiment excessive pour ses contemporains. Il exerce sa plaisanterie sur M. Dumas, sur M. Vacquerie. sur M. Richepin, sur M. Bourget, sur MM. Reyer, Coquelin frères et Drumont : mais au travers des badinages que lui impose le métier, toujours il manifeste un intime et pertinace respect envers tous ces personnages notoires. Seul, M. Sarcey n'obtient point les compliments de M. Bergerat : encore ce satiriste les lui promet-il. pour la cinquième édition du *Livre de Caliban*. Et nous avons, en attendant, l'étrange tableau d'un monde où tous, en même temps qu'ils apparaissent capables de servir d'objet à une inoffensive plaisanterie, nous sont offerts comme détenant la totalité, la perfection des talents et vertus, tandis que seul en est privé M. Sarcey, pareil à quelque Loth de sottise et de cruauté parmi ses angéliques confrères. Et je me demande parfois si le créateur ne devrait pas enlever le don de la raillerie, ou ce qui en tient lieu, à ceux qui ne s'en servent point pour conspuer et pour chagriner leurs contemporains.

Le recueil des articles de M. d'Aurevilly (2) sur les *Philosophes et écrivains religieux* est un fort beau livre. Non que les opinions soutenues par M. d'Aurevilly gardent une salutaire nouveauté ; ni ses critiques, une

(1) Bergerat. *le Livre de Caliban* (Lemerre).
(2) D'Aurevilly, *Philosophes et Écrivains religieux* (Frinzine).

exceptionnelle justesse. Les études sur Proudhon, sur Michelet, sur M. Renan, sont même viciées par le manque de conception d'ensemble ; M. d'Aurevilly s'en prend aux phrases, aux détails des livres. Mais c'est toujours, dans ces rapides articles de journaux ou de revues, un admirable emportement de la phrase ; une incomparable habileté à poursuivre une thèse, jusqu'au bout, avec la même fougueuse passion ; aussi des comparaisons fortes et soudaines, souvent une construction imprévue, vivante, de la phrase. L'étude sur la femme et les théories misogynes de Proudhon est un étonnant exemple de ce lyrisme critique.

Nous devons vraiment notre gratitude à la librairie Hachette. Elle nous promet une collection nouvelle d'ouvrages historiques sur la littérature française, une collection de petits volumes très gracieux, dont chacun sera consacré à l'étude d'un maître écrivain. Et aux maîtres de notre temps elle a délégué le soin de rédiger ces études ; elle annonce un volume de M. Taine sur Sainte-Beuve, un volume de M. France sur Racine, un volume de M. Bourget sur Balzac. Enfin elle nous assure que nulle note explicative ou justificative ne viendra déparer les pages de cette collection : et c'est bien la plus agréable des nouveautés. Une biographie doit être érudite, parce que la recherche lente de documents met seule en état le biographe de nous donner une figure vivante, avec quelque réalité et quelque profondeur. Mais pour que nous croyions à la vérité de l'histoire qui nous est présentée, il faut que l'auteur ne vienne pas, à chaque instant, nous affirmer que c'est arrivé comme il le dit : or, n'est-ce point un des plus odieux modes d'une telle importunité, cet usage d'interrompre sans cesse notre lecture en nous contraignant à voir, au bas des pages, les preuves authentiques des événements narrés ? Et je ne pense pas qu'on veuille attribuer à ces notes une autre valeur ; s'imagine-t-on que quelqu'un, jamais, en ait profité pour vérifier une citation, ou pour contrôler un récit ?

La librairie Hachette nous a donné déjà deux volumes de cette précieuse collection : l'histoire de Madame de Sévigné (1) et celle de Victor Cousin (2). On pouvait croire que le premier de ces deux sujets prête autant matière à un livre délicieux que le second y prête peu : Victor Cousin, c'est un pion ambitieux, sans valeur philosophique, sans même la plus banale force de style ; et c'est un homme de notre ennuyeux siècle, et qui a toujours vécu à l'écart des figures intéressantes, parmi les cuistres, les députés. Madame de Sévigné, sans avoir une valeur littéraire plus haute, est du moins une femme du monde, et du monde le plus adorable ; elle est pour nous une figure de ce siècle merveilleux et unique, qui, par sa situation chronologique, plus que tous autres, est aujourd'hui capable de nous intéresser : assez proche de nous, tout ensemble, et assez lointain. Mais il se trouve que M. Boissier chargé de l'histoire de Madame de Sévigné, en a fait la plus vide, la plus ennuyeuse disertation scolaire, un amas de minauderies, et d'aphorismes fatigués ; tandis que M. Jules Simon nous a offert dans sa biographie de Cousin un absolu chef-d'œuvre d'histoire et de critique.

Non que M. Simon soit parvenu à nous rendre intéressantes la vilaine vie et la vilaine âme de Cousin : à peine l'énoncé de ses aventures pouvait-il nous le rendre plus vigilamment détestable. Mais au travers des deux cents pages de ce livre, M. Simon exerce une ironie continue, une ironie qu'il a inventée, et qui est parfaite. C'est une série de brèves phrases, dont chacune, prise

(1) Boissier, *Madame de Sévigné* (Hachette).
(2) Simon, *Victor Cousin* (Hachette).

séparément, semble d'une scrupuleuse gravité : qu'on les suive dans l'ordre, et toutes s'animent d'une mystérieuse, d'une voilée et incessante raillerie. Comme toutes les formes de l'art, l'ironie de M. Simon veut, pour être aperçue, notre bonne volonté : elle demeure toujours étrangement subtile et fugace : elle séduit d'un charme incomparable. C'est bien ainsi que l'on doit écrire, lorsqu'on a quelque répugnance des convictions excessives. Et c'est cela, je pense, qu'un tout à fait bon humoriste suisse, et qui ne connaît, évidemment, mon divin maître Platon que d'une façon platonique, M. Hallays, nommait, dans le *Journal des Débats*, le style platonicien de M. Simon.

Dans une admirable préface au *Répertoire de la Comédie Humaine* (1), reproduite par le *Figaro*, M. Bourget établit brièvement — avec le haut prestige de nombreux et délicats exemples — les vertus dominantes de l'âme de Balzac. Il le montre ensemble philosophe épris des vues générales comme des étiologies complexes, et visionnaire, recréateur halluciné des personnages qu'il observait. Je regrette seulement que M. Bourget n'ait point davantage insisté sur le problème littéraire de l'observation dans l'œuvre de Balzac. Rien n'intéresse autant la critique, dans cette œuvre prodigieuse, que la question de savoir si Balzac a observé la réalité qu'il nous évoque, ou s'il l'a, par son imagination, si puissamment créée, que la réalité habituelle, ensuite, ait dû se conformer à cette image par lui inventée. M. Bourget affirme que Balzac observait le monde, autour de lui, mais rapidement, et qu'il chargeait ensuite son pouvoir évocateur de compléter en lui-même les choses dont il avait, au dehors, noté un fragment. Je ne sais point si

(1) Cerfber et Christophe, *le Répertoire de la Comédie Humaine* (Calmann-Lévy).

l'explication est bien suffisante. Car nulle œuvre n'apparaît imprégnée d'observations continuelles , multipliées, minutieuses, autant que celle de Balzac. Je crois cependant, comme M. Bourget, que cet extraordinaire personnage n'eut guère le temps d'observer beaucoup : seulement il me semble que Balzac devait avoir — combien d'exemples à le prouver! — une mémoire monstrueuse, et que ces observations dont son œuvre est remplie, qui seules nous la rendent à ce point vivante, Balzac les a recueillies aux premières années de sa vie, involontairement, impérissablement. Les âmes pareilles à son âme, hallucinées, requérant la sensation libre et profonde de la vie, ne vont guère dès l'abord au monde joyeux de la création spontanée. Avant de se construire un univers de fantaisie, où elles pourront exercer à l'aise leur besoin de réalité, ces âmes — n'est-ce point l'histoire de la plupart des déments, avant la définitive rupture ? — appliquent au monde de nos apparences habituelles leur impérieuse fougue d'évocation. Ils perçoivent dans les mesquines choses quotidiennes une infinité de nuances, de détails secrets ; et de ces impressions une fois recueillies, à jamais gardées, ces âmes bâtissent, plus tard, le radieux palais de leur rêve : étrangères désormais à nos réalités, capables cependant de nous communiquer leur réalité nouvelle, parce qu'ils l'ont faite d'éléments à nous familiers. Et que sont les trois plus géniaux écrivains de notre siècle, depuis Stendhal : Balzac, Dickens, et M. le comte de Villiers, sinon de tels hallucinés, mais employant à leurs constructions idéales l'essence même, jadis par eux aperçue, de nos réalités ?

M. Frantz Jourdain (1), explorateur aventureux, a visité l'exposition d'architecture, au salon de 1887 : et

(1) Jourdain, *le Salon d'Architecture* (Lefebvre).

il avoue que nul de nos architectes ne lui a paru avoir d'autre souci que les imitations saugrenues d'architectures étrangères, ou bien un stupéfiant alliage de formules antiques et d'ornements modernes. J'avoue avoir moi-même, cette année comme les précédentes, considéré très-assidûment toutes les images exposées au Palais de l'Industrie par les architectes : j'y ai constaté exactement les mêmes phénomènes qu'y a vus M. Jourdain ; pourquoi ne parvenons-nous point, lui ni moi, à nettement indiquer ce que pourrait être l'architecture moderne au lieu de la déplaisante scolastique qu'elle est ?

M. Jourdain est excusable de n'avoir rien vu au salon d'architecture, où il n'y avait rien : j'excuserai plus malaisément M. Cahu (1) d'avoir vu fort peu de choses en Allemagne, où sont les plus affolantes merveilles. Des wagons et des soldats : les constatations de M. Cahu se bornent presque à ces deux objets. Un exemple, pour attester l'insuffisance de son volume : dans le chapitre sur Berlin, il décrit minutieusement M. Bleichrœder, mais il omet de décrire, ou même de mentionner, un tableau de Giovanni Bellini : un pâle et désolé Christ soutenu par des anges, splendeur miraculeuse parmi le très admirable Musée Berlinois. D'ailleurs, M. Cahu s'est fait lui-même justice : il s'est reconnu indigne de continuer à porter, après ce livre amusant, mais si incomplet, le gracieux nom de Théo-Critt.

Poésie

Je continue à penser que je ressentirais une joie infinie si, parmi les estimables écrivains qui publient

(1) Cahu, *Chez les Allemands* (Ollendorff).

des volumes de vers, surgissait un poëte. Le poëte de
mes rêves devrait d'abord composer un véritable livre,
avec commencement, milieu, et le reste, et non plus produire, sous un titre plus ou moins extravagant, une
incohérente troupe de petites pièces aboutées sans raison. Mais je voudrais encore qu'il en fît un livre de
poésie, c'est-à-dire qu'il daignât, avant de nous l'offrir,
se poser à lui-même une question que nul, semble-t-il,
n'aperçoit aujourd'hui : « à quoi peut bien servir cette
forme de la poésie : elle se distingue de la prose, mais
par quoi, et pour quoi ? » Et j'inviterais mon poëte idéal,
à résoudre cette question, après se l'être posée : à comprendre que la Poésie doit exprimer des sujets dont la
prose n'est point capable, des émotions, des tourbillons •
complexes d'idées ; qu'elle doit exprimer cela seul,
et par le moyen de musiques verbales adaptées expressément à telle ou telle de ces émotions poétiques, de
même qu'il est tel ou tel mode, dans la musique,
pour traduire telle émotion musicale. Mais je vois
mieux chaque jour que MM. les poëtes méprisent
parfaitement cet utopique désir ; et il serait bien dérai-
sonnable que je m'obstine à l'évoquer devant les productions tout différentes qu'ils nous livrent. Je cher-
cherai donc désormais — et je jure d'y mettre mes
meilleurs vouloirs — à deviner le but qu'ont pu se proposer les poëtes dont je lirai les volumes : et, en attendant que j'y parvienne, je noterai simplement les qualités qu'ils m'ont paru mettre à ce qu'ils ont fait.

Je dois ainsi divers compliments à M. de Régnier.
Son bref et gracieux volume (1) ne répond guère à mon
désir d'une poésie purement musicale et expressive, et
expressive avec préméditation, non plus qu'à mon rêve
d'un volume homogène, relié par un plan total émotion-

_____

(1) De Régnier, *Sites* (Vanier).

nel. Mais au point de vue des agréables musiques un peu fortuites, des images légères et fines, de quelque témoignage d'états subtils, ce petit volume est infiniment supérieur à la plupart de ses émules, comme au volume précédent de M. de Régnier. J'ai même, en quelques sonnets, aperçu une élégante et délicate vertu de vision que M. de Régnier devrait bien, je crois, exercer à un roman.

Une élégance moindre, et un moindre soin de la correction rythmique, dans le recueil de M. Marrot (1) : mais un continuel effort à considérer les aspects généraux et philosophiques des choses.

J'imagine que telle est encore la vertu de M. Burnand (2), dont le livre témoigne les mêmes défauts que le livre de M. Marrot. Il est vraiment regrettable que ces deux poëtes ne s'appliquent point davantage à revêtir leurs précieuses idées de formes plus parfaites. Je ne sais point si, au point de vue absolu, la richesse des rimes est d'une valeur poétique supérieure à leur indigence : je crois bien que la rime ne doit être, au point de vue absolu, riche ni pauvre, mais qu'elle doit avoir un sens, c'est-à-dire être plus ou moins complète, parfois une entière homonymie, parfois une assonance lointaine et vague, suivant que les émotions traduites marquent, plus ou moins, le retour de sentiments pareils. Mais en attendant que la poésie devienne un art, et réclame de telles attentions, il faut bien avouer que les poëtes de notre temps, notamment les Parnassiens, ont — à tort ou à raison — développé si brillamment la richesse des rimes, l'aisance et la souplesse des rythmes, que nos oreilles sont aujourd'hui choquées lorsque des poëtes nous offrent — avec même les plus agréables

(1) Marrot, *les Mystères physiques* (Lemerre).
(2) Burnand, *Plein Air* (Lemerre).

sujets—des rimes et des coupes de vers qui paraissaient
entièrement légitimes et souvent admirables, il y a quarante ans. Nos oreilles réclament des consonnances
pleines, toujours, et souffrent à leur défaut : encore
que nous soyons tous, et M. de Banville plus qu'aucun
de nous tous, entièrement incapables d'expliquer les
raisons esthétiques de notre exigence.

Nous devons donc savoir gré à M. Peyrefort (1), qui
a choisi une forme très soignée, très finement correcte,
sinon très originale, pour noter certains paysages de
nature ou d'art, observés parfois avec une intense chaleur de sensation, parfois avec un emportement discret
de passion.

Romans et Nouvelles

M. de Vogüé, dans la très belle préface de l'*Idiot*,
avait bien voulu avouer que, avec ce livre, nous pos-
sédions tout ce qui pouvait nous intéresser dans l'œuvre
de Dostoïevsky. Malheureusement M. de Vogüé ne
semble pas avoir convaincu de cette incontestable vérité
M. Plon ni M. Halpérine : car voici que M. Plon a
publié et que M. Halpérine a traduit encore un volume du fécond moscovite. J'imagine, d'ailleurs, que
M. Halpérine a formé le projet d'attirer un jour l'admiration publique sur quelque roman de lui-même ; comment s'expliquer d'autre façon son acharnement à nous
fatiguer, à nous dégoûter de la littérature russe, dont il
nous donne, à deux ou trois volumes par semaine, les
produits les plus monstrueux ? Je ne comprends pas que
la lecture de *Polikouchka*, de *Deux Générations*, n'ait

(1) Peyrefort, *la Vision* (Lemerre).

pas à jamais tué chez nous la gloire de Tolstoy : je serai bien surpris si la gloire de Dostoïevsky résiste à cette traduction du *Joueur* et des *Nuits Blanches* (1). La première de ces deux nouvelles — très supérieure à la seconde, d'ailleurs — nous montre exemplairement l'impuissance psychologique de Dostoïevsky : c'est l'histoire d'un jeune précepteur qui, amoureux d'une demoiselle noble, échange, peu à peu, cette inclination contre la passion du jeu : n'était-ce point le lieu à des analyses subtiles, et cette angoisse morbide du jeu ne semblait-elle point convenir, mieux que tous autres sujets, à la nature de Dostoïevsky? Mais je cherche vainement une analyse, ou même quelque anecdote un peu originale, à travers ces agissements de falots fantoches ; c'est de la littérature absolument basse, rendue encore plus lamentable par un style incorrect, lourd, grossier, que M. Halpérine me paraît avoir assez heureusement imité.

Les aventures historiques et galantes de la *Belle Espionne* (2), dont la valeur littéraire est comparable aux romans de Dostoïevsky, ont du moins le mérite d'être narrées suivant nos conventions nationales et rédigées à dessein pour la délectation esthétique des concierges français ou naturalisés tels.

Voici quelques romans instructifs, capables, peut-être, d'intéresser les amateurs de thèses paradoxales présentées sous une forme très mouvementée : *Provinciale*, de M. Bergeret (3), nous apprend qu'une jeune femme peut venir du Midi à Paris, avec son mari, et y devenir la victime d'un grossier ami ; *la Femme de Silva* (4), par madame J. Marni, établit qu'une jeune femme peut,

(1) Dostoïevsky, *le Joueur* (Plon).
(2) Etiévant et Millanvoye, *la Belle Espionne* (Tresse).
(3) Bergeret, *Provinciale* (Quantin).
(4) Marni, *la Femme de Silva* (Ollendorff).

après s'être séparée d'un mari dont l'âme est fausse, devenir comédienne, et provoquer à nouveau les convoitises de ce mari blâmable ; nous apercevons, par l'exemple de M. Peymarlier (1), offert par M. Blache, qu'un inspecteur de l'Université, encore qu'il y ait autour de lui une multitude d'autres aventures très compliquées, peut employer les beaux cheveux de son épouse comme un marche-pied à ses ambitions ; et un écrivain anonyme (2) — mais une couronne royale, inscrite au titre de son livre, nous fait aisément deviner dans cet écrivain le général Boulanger — nous persuade, par le moyen allégorique d'une histoire assez décemment contée, que l'amour obtenu sans le secours de la suggestion hypnotique est préférable à l'amour obtenu avec le secours de cette suggestion.

Miss Nelly Webster (3) a connu maints jeunes hommes de toutes nations, avant de connaître le colonial Chapman, qui l'aime, et qu'elle épouse : ne sait-on point que les jeunes Anglaises sont expertes aux flirtations ? Dans bien des romans antérieurs, Miss Nelly, sous ce prénom ou d'autres, avait rencontré les mêmes péripéties : il faut cependant reconnaître que l'écriture de M. Jolivard est par instants d'une netteté très méritoire, et que certains traits de la vie anglaise furent par lui fort habilement marqués.

Des critiques sagaces, honneur de deux continents, s'efforcent à nous vanter l'original génie de M. Marion Crawford, romancier américain. Il est cependant malaisé d'apercevoir, dans les nombreux romans de M. Crawford, autre chose qu'un extrême zèle à imiter les écrivains d'Europe, et une indéfinie variété dans le

(1) Blache, *M. Peymarlier* (Ollendorff).
(2) X., *le Lazaret* (Ollendorff).
(3) Jolivard, *Nelly Webster* (Ollendorff).

choix des œuvres imitées. Nous retrouvons ainsi, dans
le roman Babylonien de *Zoroastre* (1), la reproduc-
tion de peintures et de récits jadis admirés dans *Salammbô*, et dans le *Roman de la Momie*. L'imitation
dominante, ici, est pourtant celle de l'extravagant ar-
chéologue jules-verniste allemand Georges Ebers :
même effort à rendre intéressantes les mœurs et les vi-
sions antiques par l'introduction, au milieu d'elles, de
caractères tout modernes : même insouciance de toute
exactitude psychologique. Le procédé est trop simple
vraiment, de composer l'anecdote la plus banale, et de
la colorer un peu en transportant ses héros parmi des
décors assyriens et sous des robes flottantes. Aussibien
le roman historique, comme la poésie, comme, hélas,
bien d'autres genres artistiques, demeure encore une
forme inessayée : et la lecture de mémoires historiques
nous montre combien aurait de charme une restitution
volontairement artistique d'âges passés. Mais il faudrait, à nous faire vivante une telle restitution, ne point
négliger l'exactitude des âmes, de leurs passions et de
leurs discours, en même temps que l'on traduirait
l'exacte apparence des costumes, sites, et actions. On
raille, dans les rhétoriques, les romans de mademoiselle
de Scudéry : ne devrait-on pas — les années de collège
finies — décerner un honneur pareil à *Salammbô*, à la
vie de Jésus de M. Renan, et même aux romans de
M. Zola qui donne, à des personnages de 1860, des
âmes de 1887 ?

La Reine de Bengalore (2) n'est guère plus que *Zoroastre*, guère plus que *le Lion de la Victoire*, dont elle
est la suite, un véritable roman historique. On y peut
rencontrer, de même que dans le précédent volume de

(1) Crawford, *Zoroastre* (Perrin).
(2) Gautier, *la Reine de Bengalore* (Frinzine).

madame Gautier, des peintures très puissantes, et des
complications historico-romanesques très ennuyeuses.

L'intention de M. Fèvre, auteur de *Au Port d'Arme* (1), est louable parfaitement : elle est, je crois, de
montrer l'affreuse et monstrueuse turpitude de la vie
militaire. N'est-il pas tout agréable de pouvoir songer
avec certitude que le métier auquel est astreinte la presque totalité de nos compatriotes est, de toutes les conditions humaines, le plus épouvantable, sordide et cruelle?
Le tort de M. Fèvre est seulement d'avoir trop cherché à
nous convaincre de cette vérité, et ainsi de ne nous
l'avoir point assez prouvée. Car je crains que, emporté
par le souci de la thèse à soutenir, M. Fèvre n'ait exa-
géré, au delà de toute vraisemblance, l'acharnement de
tous les généraux, sergents et officiers du régiment
contre Guerbert, le fantassin lamentable. Le livre de
M. Fèvre est toutefois très supérieur au *Fusil chargé*
de M. Mouton, et à l'insupportable *Cavalier Miserey*
de M. Hermant, ouvrages dont il rappelle le sujet et
l'intrigue : le récit est franc, simple, dénué, certes,
des minauderies qu'y insinuait M. Mouton, et des constructions synthétiques où le noyait M. Hermant. L'écriture exhibe, presque sans cesse, une appréciable ver-
deur. M. Fèvre, dans ce volume comme dans le précédent, *Autour d'un clocher*, aime le mot : ortie. Il faut
seulement le féliciter d'avoir enfin découvert que ce mot
ne s'écrit point avec un h, et n'a rien de commun avec
l'*horti* culture.

Ayant remplacé le génie, qui peut-être a été en lui,
par une incroyable facilité, M. de Maupassant a re-
tourné environ mille fois les deux ou trois histoires
réalistes qu'il avait, naguère, très curieusement imaginées : il a tiré les trois cents variations que compor-

(1) Fèvre, *Au port d'Arme* (Charpentier).

tait l'aventure du madré paysan bas-normand, et les deux cents variations que pouvait fournir l'aventure du bellâtre parisien mystifiant dans son amour conjugal un trop excellent compagnon de bureau. Et lorsque la facilité de M. Maupassant eut ainsi épuisé le monde réel, elle s'exerça sur le monde fantastique. *Le Horla* (1) est un produit de cette source nouvelle : un produit tellement semblable à des centaines d'autres, déjà, qu'un critique avouait, l'autre matin, ne point savoir s'il avait lu cette nouvelle dans le *Gil Blas*, ou seulement une histoire pareille. Cela n'empêche pas, d'ailleurs, les nouvelles de M. de Maupassant d'offrir, avec une assez louable netteté, l'agrément d'un récit très rapide. Aux nombreux et respectables esthéticiens qui s'ingénient dans la recherche d'une différence naturelle entre la nouvelle et le roman, on pourrait, je crois, proposer un exemple, aisément capable de devenir un argument : les nouvelles de M. de Maupassant sont tout à fait pareilles à ses romans (j'excepterai le roman *Une Vie*, un des plus beaux livres de ce temps) ; et cependant les nouvelles de M. de Maupassant peuvent être lues sans chagrin : ses romans ennuient autant que les plus spirituelles lettres de madame de Sévigné.

La lecture, dans la *Revue des Deux-Mondes*, de l'*Inconnu*, par M. Hervieu (2), m'avait stimulé à un exubérant enthousiasme, dont s'offusqua l'autre jour, un des plus chers entre mes amis. Mon ami est modeste : le nommer ne pourrait être utile à lui, ni à personne. Je dois dire seulement qu'il est âgé, d'une héroïque complaisance, qu'il revêt sans cesse opinions, métiers et costumes divers, et qu'il a rendu jadis à M. Taine, qu'il rend encore parfois à M. Anatole France des services

(1) De Maupassant, *le Horla* (Ollendorff).
(2) Hervieu, *l'Inconnu* (Lemerre).

exactement pareils à ceux que je lui dois. Et mon ami, après d'aimables compliments sur mon admiration (car il affirme que toutes admirations sont d'excellente hygiène), m'a parlé comme voici :

« Je regrette bien, hélas, monsieur, que Racine, Beethoven et Stendhal aient complétement accaparé mon admirativité, et que je n'en puisse pas garder une partie à nos contemporains. Mais ne voyez-vous pas vous-même que les mérites de l'*Inconnu* sont des mérites un peu maigres ? Ne voyez-vous pas que ce livre n'est pas un roman, qu'il ne décèle nul effort à restituer un ensemble vivant ? Le sujet est bien vieillot : un rêve, avec, à la fin, le réveil traditionnel ; un rêve trop prolongé, trop suivi pour être vraiment un rêve, trop chargé d'histoires incohérentes pour qu'on puisse omettre le rêve comme un prétexte, et considérer absolument les choses racontées. En réalité, le prétendu roman est un recueil de nouvelles, à peine reliées par un cordonnet tout externe. Et ne pensez-vous pas que l'intérêt de ces nouvelles soit vraiment d'une invention bien facile ? Les sujets, à demi fantastiques, comportent tous les épisodes que l'on veut y mettre. J'ai vainement cherché les motifs profonds qui enchaînaient ces bizarres narrations : il n'en est aucune qui ait dû, nécessairement, suivre les précédentes. On nous offre un fou, et c'est tout au mieux : mais où est la caractéristique de cette folie, le trait dominant qui détermine, par une rigoureuse conséquence psychique, les conduites extravagantes de ce dément pétersbourgeois ? Il ne reste donc, dans ce livre où je n'ai pu découvrir descriptions vraies ni analyses exactes, il n'en reste que l'intérêt même des aventures, et des aventures prises isolément, puisque nul lien visible ne les réunit. Or ne vous rappelez-vous point avoir rencontré quelque part chacune de ces anecdotes : les curiosités physiognomiques du comte ne

2.

sont-elles pas l'équivalent de diverses manies pareilles qui affligent les vibrions du piteux slave Dostoïevsky ? L'histoire du cataleptique que l'on croit mort, je l'aurais sans peine tirée moi-même de *Valdemar* de Poe, ou même d'*Olivier Bécaille,* une nouvelle de M. Zola ; et lorsque le comte, voulant se débarrasser de M. Bick, l'attire par des espoirs de boisson dans une cave, et l'y enferme, j'ai pensé relire *la Barrique d'Amontillado,* dans les *Histoires Extraordinaires.* Il ne restait plus à M. Hervieu que de rédiger ces narrations dans un style comme elles à demi fantastique, une écriture inquiète, quasi imprégnée de quelque brume morbide; Dostoïevsky, ou plutôt M. Dérély le lui offrait : et il aurait pu, en cherchant ailleurs, trouver la même forme dans Balzac. Je vous recommande, pour apprécier l'originalité du style de M. Hervieu, de revoir les vingt premières pages de *la Peau de Chagrin.* »

Et je répondis à mon ami, tandis qu'autour de nous tombait, des hauts arbres, la tranquille harmonie des soirs :

« Tout cela ne m'empêche point d'avoir raison, mon ami ; M. Hervieu n'a-t-il point dit qu'il n'y avait que soi de sensé, pour chacun de nous? Vos observations sont judicieuses, peut-être ; mais elles sont — et j'en suis bien fâché — les observations d'un cuistre. Car c'est le fond même de la cuistrerie — et comment imaginer qu'elle fasse défaut à un critique ? — de considérer en toutes choses ces seules questions : — à quel genre l'œuvre appartient, à quelles œuvres antérieures elle ressemble par le sujet, par le style... Le livre de M. A. peut bien être cent fois plus complet et plus vivant que le livre de M. B. : si vous apprenez que le livre de M. B. est antérieur de quelques années *et* traite un sujet pareil, jamais le chef-d'œuvre de M. A. ne pourra procurer le plaisir esthétique à l'âme de cuistre

qui est au fond de vous. Comme l'unanimité de vos
concitoyens, vous appréciez seulement les inventeurs;
vous ne comprenez point que les inventeurs, sont, le
plus souvent, des esprits médiocres et que la vraie
gloire devrait être aux artistes, qui utilisent les inventions. Admettons, si vous le voulez, que le livre de
M. Hervieu ne soit pas un roman, que la plupart de ses
récits rappellent des récits de Poe ou de Dostoïevsky :
en quoi cela empêcherait-il M. Hervieu de témoigner, à
travers ces formes empruntées, un esprit tout original ?
Et ne sentez-vous point que la façon dont il note les
transitions des divers états de son personnage, ce soin
continuel à ne point produire des effets d'extravagance,
en racontant les extravagantes idées du fou, que tout
cela — et tous les détails de la narration — est ici parfaitement neuf, et de très haute valeur artistique ?
M. Hervieu a choisi des sujets fantastiques à la façon
des sujets de Poe ; mais les nouvelles de Poe sont une
préparation en somme factice et inférieure de l'effroi
ou de l'étonnement : ne l'avez-vous point vu omettant
à dessein les transitions des idées, reléguant dans le
fond de l'histoire quelqu'une de ces idées, afin de la
faire, soudain, apparaître plus effrayante ? Je rêverais
qu'un jeune écrivain héroïque, et d'avance résigné à la
réputation d'un éhonté plagiaire, reprît simplement les
sujets de Poe, et rendît réels les agissements psycholo-
giques des personnages de ce grand inventeur : qu'il
leur enlevât leur apparence fantastique, obtenue par une
déformation sagace de la vérité, et qui, après avoir vivement saisi l'âme, vite s'use ; et qu'il transportât les
histoires de Poe dans l'Art, où les effets sont moins
actifs, mais durent plus longtemps : dans l'Art de la
réelle et vivante vie. Ne sentez-vous pas un effort tel,
dans le livre de M. Hervieu ? Et ne sentez-vous point la
différence de ce style inquiet et morbide dans l'*Inconnu*

et dans les romans de Dostoïevsky ? Le romancier russe
était lui-même un malade ; ses personnages, de quelque
nature qu'ils soient, emploient tous, constamment, ce
langage fiévreux ; et ainsi la valeur artistique de ce langage est détruite : il devient un phénomène constant,
dénué de signification esthétique spéciale. Le même
langage est, dans l'*Inconnu*, expressément destiné à
traduire les impressions d'un malade : il est, avec une
extrême adresse, nuancé, adapté aux diverses phases du
récit : il acquiert une valeur artistique, insuffisante
peut-être, supérieure du moins à celle que lui donnait
son inventeur de Moscou. Et pour finir, mon ami, il y a
dans l'*Inconnu* maintes pages où le sujet, les détails de
description et d'analyse, le style, sont tout originaux, et
le sont excellemment. Et si *Andromaque* ne suffisait,
ainsi qu'elle fait, à vous donner indéfiniment les sensa-
tions de l'immuable et du différent, vous reconnaîtriez
que parmi la mensuelle tourbe des romans tout à fait
pareils les uns aux autres, comme aux romans de la
génération précédente, l'*Inconnu* de M. Hervieu séduit
comme un contraste inespéré : et que cela seul est déjà un
mérite bien rare. Ne sommes-nous pas venus à ce point
de décrépitude qu'une seule chose demeure possible à
notre littérature : de changer d'imitation ? »

Les éditeurs ont publié, durant ce mois, tant de
livres, et des livres si beaux, et j'en ai tant causé avec
des amis, que je ne puis, aujourd'hui, épuiser la liste
des nouveaux ouvrages. Je prie donc que l'on m'autorise
à remettre jusqu'au prochain mois l'analyse de deux
livres, extraordinaires par les multiples aspects d'une
effrayante splendeur. *Tribulat Bonhomet* (1), les iro-
niques et subtiles nouvelles de M. de Villiers, exerçant,
sous la plus altière richesse d'une incessante musique

(1) Villiers de l'Isle-Adam, *Tribulat Bonhomet*, (Tres

verbale, la maîtrise parfaite de tous les genres à jamais possibles ; et le récent drame de Tolstoy, la *Puissance des Ténèbres* (1), dont la traduction par M. Halpévine peut faire voir encore, malgré son incorrection et sa gaucherie, combien est décisive la rénovation du théâtre tentée, au seul nom de l'Art, par un mépriseur hautain de tous les genres comme de toutes les règles littéraires (2).

TEODOR DE WYZEWA

(1) Tolstoy, *la puissance des Ténèbres* (Perrin).

(2) Et voici encore, m'arrivant aux derniers jours, deux livres dont je dois ajourner l'analyse : l'étrange et subtile *Initiation sentimentale* de M. Péladan (Edinger) ; et le chef-d'œuvre du roman russe, le chef-d'œuvre, peut-être, de tous les romans, *Simple histoire*, en russe : *Une histoire ordinaire* (Perrin). Cordialement je recommande aux curieux de l'art la souveraine jouissance esthétique qu'est ce livre : malgré la fâcheuse traduction de M. Halpérine et telles gaucheries dans la forme générale. Je les prie seulement de croire que, au mérite, pour eux appréciable peut-être de l'analyse, et du récit, le roman de Gontcharov joint le mérite non moindre — mais hélas bien perdu dans le patois de cette traduction ! — d'une écriture hautement littéraire, par-delà toutes musicale et chaude.   (T. W.)

CHRONIQUE PARISIENNE

Toujours ce vent qui ne peut pas laisser mon peuplier tranquille, un peuplier dans toute sa beauté.

Et ce pauvre Pierrot qui tenait ce secret de l'Observatoire de Montsouris que ce vent nous quitterait après le Grand-Prix !

Pierrot qui a, ni plus ni moins, failli périr dans les dégâts de l'Opéra-Comique assure que c'est une bouffée de ce vent du ciel qui a tout fait. Il pressentait bien sa mort fatale possible et soupirait en entrant :

> Ce vent qui vient à travers la coulisse
> Me rendra feu.

Ce n'est pas un courant d'air ordinaire qui, là-haut dans les toiles pendantes et les lumières, a pris l'initiative ; c'est bel et bien une légère trombe de ce vent malin ; on a d'ailleurs suivi sa direction vers la rive gauche, vers les Gobelins, ce qui explique les quatre autres sinistres de cette nuit du 24 mai.

Les détails sont connus, c'est déjà du passé presque autant que les faits-divers du journal d'aujourd'hui.

Mais ces sinistres ont « donné lieu » à un joli phénomène de psychologie parisienne. On a vu que, chose

étrange, plus le théâtre du sinistre s'éloignait du boulevard, plus le nombre des victimes était grand, depuis
l'Opéra-Comique jusqu'à ce café-concert, en passant
par l'Odéon, Cluny et le théâtre des Gobelins si exilé.
Or le « cœur de Paris » ayant éclaté et lancé son rayon
d'or à travers le pont des Saints-Pères jusqu'à ce pauvre
café-concert, et d'autre part les listes de souscriptions
étant closes, avec la destination de chaque aumône particulière, il s'est trouvé que plus le théâtre était loin du
boulevard moins il avait réveillé de bonnes âmes, c'est-
à-dire que plus les victimes était nombreuses, moins
elles rapportaient. L'étranger n'a donné guère que pour
l'Opéra-Comique, la province pour l'Opéra-Comique et
l'Odéon, et Paris seulement pour Cluny, les Gobelins
et le café-concert. Le cœur de Paris a donné parce que
Cluny et les Gobelins sont près de lui, il donnerait pour
tous les sinistres européens — mais combien pour un
théâtre de province ?

Le cœur de Paris c'est le boulevard, c'est-à-dire la
Presse, et son importance en province et en Europe.
L'Opéra-Comique était là, enfant gâté, on a couvert sa
tombe d'un million. Fêtes, souscriptions, cela a été versé
comme par enchantement. Et il n'y a pas eu que la folie
souscriptive, l'exaltation a gagné les gens les plus
froids. Au cimetière, le président du conseil a terminé
son discours par cette petite péroraison qui sent joli-
ment son Cicéron : « Pleurons nos morts, pleurons-les
amèrement... et puis relevons-nous pour vivre et pour
agir ! Paix aux morts ! Courage aux vivants ! » Le second ministre, M. Berthelot, était né poète ; il est devenu chimiste et comme ministre orateur il n'a eu que l'occasion de se montrer ironique. Son discours d'enterrement est un vrai bouquet de fleurs de rhétorique :
« Pauvres enfants ! elles avaient la jeunesse, l'ardeur et
l'espérance, elles entraient dans la vie pour en goûter la

rapide illusion. Les unes étaient venues en artistes remplir leur devoir, manifester *devant tous* la grâce et la beauté, faire entendre la musique et la poésie de leur voix ; les autres étaient *accourues* pour admirer l'idéal réalisé en acte sous leurs yeux : la danse, cette floraison vivante ; le chant, cette expression souveraine des sentiments humains, actrices et spectatrices l'avenir leur souriait à toutes ! Elles avaient devant elles de longs jours de bonheur et d'amour ! Et la *fête* (?) s'est changée tout à coup en hécatombe. — Adieu ! votre souvenir restera dans le fond de nos cœurs, joint à celui des *morts* chéris que chacun de nous a *perdus* et dont le nombre s'accroît *sans cesse* avec le nombre de nos années, en attendant le jour *prochain* où nous irons les rejoindre *à notre tour* dans le tombeau. Puissions-nous ce jour-là laisser parmi ceux qui resteront après nous des regrets aussi vifs, un souvenir aussi tendre et aussi profond. — Adieu, pauvres enfants ! »

Et le Président de la République s'était fait représenter par un colonel.

A propos du cœur de Paris, pas de celui qui travaille chaque jour et bâtit et organise, mais du cœur brillant que l'Opéra-Comique vient d'épuiser, j'allais oublier le cas de la veuve X... Son mari est mort pendant la guerre. Son fils aîné meurt au Tonkin, le second meurt dans une collision entre Douvres et Calais, le troisième perd la vue d'une fusée reçue dans les yeux au grand feu d'artifice du 14 juillet. Il ne reste à cette Niobé que son quatrième fils qui la fait vivre maigrement, et voilà que ce fils trouve la mort dans l'incendie d'un théâtre. Mais ce théâtre est l'Opéra-Comique. Le boulevard va s'empresser autour de la veuve X... et elle aura enfin sa pension viagère.

Petit côté de ces grandes choses, comme c'est amusant les souscriptions ! Les gens n'ont qu'à accompagner leur obole de leur nom ou d'un mot et ils trouvent le moyen d'être extraordinairement comiques en cela. Il y a l'anonyme qui donne son adresse ; il y a : deux jumeaux, 20 francs ; pour un garçon ou une petite fille à venir, Théophile ou Marthe, 50 francs ; les économies du collégien, 5 francs ; un premier communiant, 2 francs ; — et l'ineffable : Une toute jeune fille, 10 francs. — Avoir son nom imprimé est une occasion et on peut le remplacer par un mot spirituel ou, surtout, commémoratif.

Pierrot, lui, a été d'un pas vengeur vendre sa lorgnette de théâtre à un brocanteur et en a envoyé le produit à M. Carvalho.

Autre souscription qui est venu couper court au ridicule million de l'Opéra-Comique, mais irrésistible celle-là ! Ce n'est plus Murcie, Ischia, Sedjedin, c'est l'Islande, des orphelins de nos pêcheurs d'Islande qui s'en vont jusqu'en Islande. Et c'est un maître-séducteur qui a élevé la voix pour ces cinquante-deux orphelins que le brillant cœur de Paris n'eût jamais soupçonnés, c'est Pierre Loti. Du train où la souscription-Loti va, les orphelins d'Islande auront bientôt leur enfance assurée. Et toutes les bénédictions arriveront à cet ennuyé, et comme il a respiré les royautés exotiques, il rêvera aux heures du kief qu'il est rajah d'Armor.

Maintenant est remise sur le tapis la question du théâtre inincendiable. Ici, plus de correction architecturale à l'intérieur comme à l'extérieur. Il y aura cent portes comme à Thèbes, et des balcons en spirale et des jeux de poulies et mille trucs ; et au-dessus du rideau, au lieu de : *Castigat ridendo mores*, on lira *Festina lente*. Pâlissez sur vos épures, architectes américains !

Jubilé ! Jubilé ! Toutes les « sang royal » d'Europe, sont là-bas pour le cinquantenaire du règne de la reine. La France n'est représentée que par son ambassadeur,

dont l'équipage est simple mais a grand air. En vérité
nous aurions dû faire à la reine, pour son Jubilé, la gra-
cieuseté de la victoire au Grand-Prix de Paris. On a
subi d'autres influences. La bonne reine eût eu un Jubilé complet, elle aurait bu en l'honneur de cette victoire
un verre de ce vin de Hongrie que l'empereur d'Autri-
che lui a envoyé. Mais la vieille politesse est morte.
C'est M. de Bismarck qui l'a fait rentrer sous terre.
Nous avons donc bourgeoisement gagné notre Grand-
Prix et renvoyé les chevaux anglais chez eux. Espé-
rons du moins qu'on enverra pour ces fêtes de la reine
la musique de la Garde Républicaine.

JULES LAFORGUE

CHRONIQUE BRUXELLOISE

Opiniâtre, le parfum des accacias du Bois me tenait aux narines tandis que m'emportait loin de Paris l'express de Bruxelles. Et ces senteurs blanches ressuscitaient en moi, avec quelle netteté de vision ! la quinzaine écoulée, tout embaumée d'art : les lentes causeries dans les ateliers amis, — non les officines où l'on distille les poisons destinés au Salon mais les retraites paisibles fermées à la banalité comme aux importuns, — et la séduction de précieuses collections dont les chefs-d'œuvre ne s'exhibent pas à la superficielle curiosité, et le charme des communions d'esprits vibrant à l'unisson en d'intimes et inoubliables soirées, et la joie du tête-à-tête avec quelque amitié ancienne dans le prodigieux décor du paysage parisien que les pawlonias, les rhododendrons, l'épine rose et les féeriques glycines, en ce triomphant mois de juin, illuminent d'un éblouissement.

Dès la frontière de Belgique, des journaux parcourus chassèrent le rêve. Et me voici retombé dans les régions basses où l'envie, la jalousie, l'égoïsme, la haine de tout ce qui s'élève au-dessus de la médiocrité exhalent un furieux concert d'invectives. La meute est déchaînée.

Les abois éclatent. Les coups de dent happent de ci, de
là, ce qui passe à portée. Et le motif de cette fureur,
— ou plutôt le prétexte, car en cette prétendue question
de principes gît l'occasion d'une mesquine querelle de
personnes, à peine dissimulée, — c'est que le gouvernement belge a pris l'initiative d'un projet généreux et
utile à l'art : apprendre au public, qui paraît l'ignorer,
qu'il existe en Belgique une littérature nationale, et l'ini-
tier, par des extraits choisis avec soin dans les œuvres
des écrivains belges publiées depuis 1830, à l'évolution
progressive de nos Lettres.

Voilà, dans toute sa simplicité, la mesure adoptée, à
la suite d'une interpellation faite à la Chambre par un
représentant de Bruxelles M. Slingeneyer, dont voici la teneur textuelle : « Qu'on ne me dise pas que notre littérature est insuffisante : je n'hésite pas un instant à
répondre que, désormais, c'est un blasphème ! Des livres
nombreux ont paru chez nous, et parmi eux il en est de
premier ordre. Le public ne les lit sans doute pas encore
beaucoup, mais déjà partout ils sont connus et on n'ose
plus avouer qu'on ne les a point lus. Quel élan nouveau donnerait à leur diffusion une mesure qui perscri-
rait d'en faire la matière de catalogues où puiserait le
Gouvernement pour ses écoles ! Il y a même un moyen
pratique et transitoire de réaliser le désir que j'exprime :
c'est d'ordonner la publication d'une Anthologie des auteurs belges. Si je ne me trompe, il en existe déjà, mais
elles sont obscures et insuffisamment composées au point
de vue du choix. On les a faites en se laissant conduire
par la routine ; on n'y a admis que les auteurs offrant
des allures dites *classiques*. Ce n'est plus cela qu'il
faut. *Il est nécessaire de puiser largement dans les
nouvelles écoles.* On y trouvera des morceaux de
prose remarquables. Quant à nos jeunes poètes, il en
est plusieurs qui ne le cèdent pas à leurs émules fran-

çais. En ajoutant aux œuvres de ceux-ci des morceaux recueillis parmi les productions de nos poètes plus anciens depuis 1830, je suis convaincu qu'on composerait une Anthologie qui étonnerait par la quantité, la variété et le mérite des éléments qu'on trouverait réunis. Je prie instamment M. le Ministre des Beaux-Arts d'examiner cette idée et de voir si elle n'est pas de nature à exercer une bonne influence, de même qu'elle sera pour lui, qui en aura pris l'initiative, un très grand honneur ».

Cette idée, le ministre s'empressa de l'accueillir en décidant qu'il serait publié d'abord un volume destiné aux prosateurs. S'il réussit, on songera à en faire paraître un deuxième réservé aux poètes. Et si le public s'intéresse à la publication, on consacrera aux orateurs un troisième volume, un quatrième aux dramaturges.

Vraiment, si l'on ne connaissait de longue date le triste monde qui cherche à entraver en Belgique toute tentative artistique nouvelle, on demeurerait stupéfait des clameurs que souleva, dès son apparition, et avant même que le plan adopté fût connu, le projet du gouvernement.

Tout autre pays, la France par exemple, qui a le respect de ses artistes et ne manque jamais de les exalter, parfois hors de propos, n'eût pas manqué d'applaudir à cette glorification des Lettres nationales. Elle eût félicité le ministre de mêler un peu d'art au train-train quotidien des affaires, car les gouvernements ne sont guère prodigues quand il s'agit des Lettres !

Ici, la suppression par mesure de salubrité publique des brasseries et tavernes où les farouches adversaires du projet puisent quotidiennement leurs inspirations n'eût pas provoqué plus de scandale.

Romains habitués à applaudir disciplinairement au signal d'un chef de claque, les membres de la coterie ont embouché, cette fois, leurs sifflets avec le même ensemble. Eh! pardieu, on leur a manqué! Le gouvernement a négligé d'aller prendre leur avis à la taverne. Ceux qu'il a désignés pour s'occuper du choix et du classement des œuvres ne s'attablent pas avec eux. Ils leur ont tendu jadis, il est vrai, une main fraternelle, à l'époque où l'on travaillait de commun accord à la renaissance des Lettres belges. Il y avait alors un grand élan parmi la jeunesse du pays et l'on pouvait légitimement espérer que la défense des intérêts de l'art allait enfin prendre le pas sur les misérables querelles que suscitent les ambitions déçues et les rivalités personnelles. Chimère! Illusion! Fantaisie! La réalité cruelle devait bientôt mettre à nu l'âme humaine, en montrer la mesquinerie et la misère. Et dès lors il se fit des écrivains, jadis unis dans la défense d'une idée, deux parts distinctes : l'une fidèle au culte qui avait été l'honneur de ses débuts, l'autre échouée dans les basses besognes du reportage, y puisant on ne sait quelle âpre jouissance à dénigrer, à attaquer, à salir tout ce qui avait été précédemment son orgueil. C'est la revanche, cela, de la bassesse humaine trop longtemps contenue et qui se révolte, enfin !

Au premier de ces deux groupes, désormais séparés et définitivement classés par l'opinion publique, appartiennent les quatre écrivains que le gouvernement chargea de préparer l'Anthologie. Deux prosateurs, deux poètes. Les premiers : Camille Lemonnier et Edmond Picard. Les seconds : Émile Verhaeren et Georges Rodenbach.

La *Revue* a présenté les deux derniers à ses lecteurs. Je n'ai rien à ajouter à la notice parue le mois dernier, et qui les montrait à la place qu'ils occupent : la plus en vue parmi les poètes belges contemporains.

Quant aux prosateurs, il était naturel que les premiers

noms qui vinssent à l'esprit, quand il fut question de choisir des hommes de lettres compétents et érudits pour former l'Anthologie, fussent ceux de Camille Lemonnier et d'Edmond Picard, qui marchent au premier rang des écrivains belges. Il suffit de citer, du premier, *un Mâle, le Mort, Happe-chair, la Belgique, l'Histoire des Beaux-Arts;* du second, *le Paradoxe sur l'avocat, la Forge Roussel, l'Amiral, Mon oncle le jurisconsulte, le Juré,* pour reconnaître que le choix s'imposait. L'un et l'autre, qui donc ne le proclamerait? ont donné de l'indépendance de leur caractère, de l'impartialité de leur critique et du désintéressement de leur vie assez de preuves pour qu'on pût se reposer sur eux, en toute confiance, avec la certitude de voir naître de leur collaboration une œuvre sincère, définitive, dégagée de tout parti-pris, telle en un mot qu'on la souhaite. Déjà un premier triage a montré l'éclectisme qui préside au choix des morceaux.

Qu'importent d'ailleurs les criailleries de ceux qui n'ont d'autre motif de colère qu'une basse rancune ou la blessure faite par le ministre à leur petite vanité en ne les désignant pas parmi les pilotes de l'Anthologie? Qu'importent les articles des journaux, les vilénies, les calomnies? Qu'importent les lettres anonymes dont, m'assure-t-on, les quatre écrivains susdits sont bombardés? Il n'en sera ni plus, ni moins. Seule, la misère intellectuelle du lamentable monde qui s'agite autour de nous éclatera, plus criante que jamais.

Ces choses ne sont pas gaies. Mais la chronique ne pouvait les passer sous silence. Elles ont été l'événement du mois. Elles ont fait jaillir une source d'intarissables polémiques; elles ont ouvert à deux battants les grandes écluses de la Potinière, et il a fallu l'absurde aventure de Mlle Mercédès de Campos, dont on nous rebat depuis une semaine les oreilles, et les échos du jubilé de la Reine, pour apporter une diversion à la surexcitation des esprits.

Impatiemment, je songe aux accacias du Bois, avec leur étrange et douce senteur, aux alignements de pawlonias le long des avenues, aux rubescents rhododendrons éclairant les pelouses fauchées ras des Champs-Elysées : et je guette le moment ou je pourrai retourner auprès d'eux, me griser de parfums, me réconforter aux amitiés d'année en année plus solides qui m'accueillent là-bas, sans entendre le bruit des commérages insupportables qui, à Bruxelles, accompagnent d'un grognement continu les tentatives nouvelles.

OCTAVE MAUS

CHRONIQUE D'ART

L'EXPOSITION DE MILLET

Toutes les fois que la clinique des Beaux-Arts expose, dans ses ambulances du quai Malaquais, les œuvres d'un peintre mort, je suis pris de peur. Constamment l'expérience rate. Delacroix même et Manet ne sont pas sortis intacts de cette bagarre zélée de toiles. Pour Corot, ce fut un désastre ; sa légère fumée de pipe avait fui et le rien du tout de ces tableaux apparaissait derrière ce brouillard dissipé d'un ciel unique, dont on ignorait et la latitude et l'heure ; crépuscule ou lever de jour, brume de chaleur ou nuées de pluie, c'était tout un, du gris noyant une ébauche de dessin, du gris réveillé par le coup de vermillon que frappait un personnage quelconque, coiffé d'un béret rouge ; quant à Courbet, ce fut l'entière révélation des idées ouvrières servies par le pinceau d'un vieux classique, ce fut la définitive explosion de l'abdominale cervelle de ce gros muffle.

Je me remémorais ces lamentables antécédents alors que les possesseurs des œuvres de Millet les exposèrent sous les hangars recherchés du quai. L'expérience a-t-elle été déplorable ou propice ? les déboires attendus ont-ils été subis ? Millet est-il ce grand peintre qu'à l'heure actuelle toute la presse, à l'envi, prône ?

Non — si l'on considère la morne imposture de ses

paysans travestis suivant l'immuable formule de Labruyère et si l'on ne tient compte que de ses huiles, monocordes et coriaces, banales et rancies, fausses et frustes ; oui, jusqu'à un certain point, si l'on examine seulement deux ou trois de ses pastels.

Mais il faut l'affirmer tout d'abord, ses paysans sont, dans leur genre, aussi conventionnels, aussi fictifs que les Fadette, que les Champi, que tous les butors d'opéra-comique inventés par cette vieille danseuse de revue, par cette vieille filatrice d'idéal bêtat qu'on nommait la Sand. Tandis qu'elle muait en d'incorporels Céladons les crasseux rustres de son Berri, Millet changeait en d'innocents forçats, en de maladroits rhéteurs, les paysans des environs de Fontainebleau, les gens de la Brie.

Alors qu'il représente un paysan, éreinté, appuyé sur sa houe, regardant devant lui de ses prunelles mortes, il ment, car il est vraiment temps de le dire, à la fin ! — le paysan, exterminé par d'incessants labeurs, le paysan crevant de besoin, hurlant de misère, sur la glèbe, n'existe pas. Soutenir qu'il est heureux, évidemment non, car il faut bien qu'il laboure et qu'il sème, qu'il vendange et qu'il gaule ; mais quoi ! mettez en face de cet homme qui possède ou loue pour quelques sols une chaumière, qui élève parfois une vache ou un porc, toujours des poules, souvent des oies, qui récolte dans un petit jardin des pommes de terre et des choux, mettez un ouvrier de Paris, et voyez la différence. Sans chercher les plus misérables et les plus épuisés des artisans des villes, sans citer les broyeurs de salsepareille aux vomissements incoercibles, les tritureurs de céruse, les amalgameurs de mercure aux entrailles corrodées et aux os mous, prenez un imprimeur dont la profession est quasi douce. Levé comme le paysan dès l'aube, *il* trime, enfermé, sans arrêt, sans trêve, jusqu'à la nuit, puis il rentre dans un garni rogue, aspire la pestilence enragée des plombs, boit 'de combustibles breuvages et, s'il demeure célibataire, satisfait sur de périlleux locatis ses besoins d'amours; si malheureux qu'il soit, le paysan tâche du moins en plein air, il se grise d'innocentes piquettes, s'étanche sur de sains fumiers de chairs, rentre dans une chambre aérée, hume, s'il veut, dans son jardinet, les tonifiants souffles des soirs. Est-ce qu'il les a, l'ouvrier parisien, ces causettes prolongées le long des routes, ces goûters à la bonne franquette, ces flânes perpétuelles, tous ces alibis reposants des rustres ? — Il en est de même pour les femmes. Ainsi qu'une bête de somme, la paysanne rentre les foins et fend le bois et pœlonne, et bêche et vêle. Oui; — mais une ouvrière cloîtrée depuis le matin dans l'air raréfié d'un Bon Marché ou d'un Louvre, une femme toujours debout et attentive aux souhaits d'une foule, est plus souffreteuse et plus débile, plus douloureusement laminée par la vie, plus vraiment à plaindre !

Tenez encore que pendant le gel, le paysan se repose et se chauffe les tibias devant des bourrées qui ne coûtent rien et que, pendant ce temps, la femme du peuple trie des escarbilles, fait des pâtés de vieux koke mouillé dans des terrines, se ranime, elle et ses mioches, au hasard des détritus, le mieux qu'elle peut ; à la fin du compte, les paysans ne sont pas à plaindre quand on compare leur sort à celui des ouvriers et même à celui de la plupart des employés des villes.

Il est donc souverainement injuste de promulguer notre pitié et de revendiquer en faveur de ces paresseuses brutes une compassion que méritent seuls les mercenaires endoloris des besognes closes.

Mais il faut bien le dire aussi, Millet devait les comprendre ainsi, ses frères de charrue, ses parents d'étable. Lisez ses biographes. L'un des Mantz qui fonctionne dans le vestibule du catalogue vendu à la maison du quai, raconte que Millet avait suivi l'école, dans son village, puis qu'il était venu étudier la peinture chez Delaroche, à Paris; c'est toujours la même chose; nous sommes en face d'un fils de paysan, d'un être mal équarri, à l'ignorance superficiellement rabotée par un cuistre, lâché, dans la capitale, au milieu de peintres non moins ignares mais dont l'esprit populacier s'est dégrossi dans des estaminets et des crèmeries. En fait de lectures, Millet avait sans doute connu la fameuse rengaîne de Labruyère dont j'ai parlé; il avait tâtonné dans les épisodes de la Bible qu'il n'était déjà plus ni assez simple, ni assez affiné, pour comprendre. Pêle-mêle, il a transféré ces lectures mal ingérées sur ses toiles, et il nous a servi, au lieu des paysans finassiers et retors, cupides et pleurards de la Brie, des esclaves excédés qui crient grâce et déclament des tirades à la Valjean. Au lieu des butors qui ne prient guère, il nous a dépeint des gens qui se recueillent à l'Angélus, des pâtres idylliques et pieux, comme si le son d'une cloche dans les champs n'était pas pour les bergers le simple signal d'une heure qui désigne le moment d'un goûter, qui marque l'instant convenu d'un retour!

Non, Millet était un peintre, c'est-à-dire un homme doué d'une recommandable adresse des doigts et d'une certaine agilité de l'œil, c'était un rustre sans éducation vraie, un ouvrier faussé par des tirades de cabaret d'art, un pacant gâté par des fréquentations d'autres peintres nés à Paris et exclusivement éduqués par des chansons de café-concert et des propos de table d'hôte.

Ce concept du paysan rhéteur d'allures et de mines, martyr impitoyable d'une société ingrate et d'un sol inclément, une fois admis, arrivons à l'exposition même de ses pastels et de ses huiles.

Ses tableaux si véhémentement célébrés depuis sa mort sont, il faut bien l'avouer, rêches et teigneux, auciens et sourds. Prenez « l'homme à la houe », ou « l'angelus », ou « les glaneuses ». Qu'y trouve-t-on ? dans un paysage sans clarté, sans air, des figures monotones et rousses, assaisonnées à la boue de sabot, sous un ciel dur. Ces œuvres à l'huile, sentent la tâche, la pratique en sueur de ses gros bras. Aucun parmi les vieux maîtres du paysage — car il peint suivant leur rituel — qui n'ait brossé plus franchement une toile, aucun dont les tableaux ne soient ainsi devenus, après quelques années, cartonneux et aigres. En tant que peintre à l'huile, il est médiocre et d'une balourdise qui désespère.

Mais il n'est heureusement pas tout entier dans ces toiles. Un très réel artiste va maintenant sortir de ses œuvres les moins prônées, de ses crayons noirs rehaussés de pastel.

Parmi cette série d'œuvres, celles où s'accuse le plus nettement le tempérament du peintre sont, à n'en point douter, ses aubes de campagne nue encore endormie, d'où la figure humaine est bannie ou, à l'horizon, visible à peine.

Alors il révèle une émotion toute particulière devant « ce petit jour » qui agit si singulièrement sur l'homme. Pour les sensitifs, c'est une sorte de malaise et de trouble, il y a attente d'on ne sait quoi, d'un jour neuf, d'un seuil de matinée, d'un inconnu qu'on rêve ; il y a une inquiète surprise à voir ce silencieux accouchement de la lumière sortant peu à peu de la noire matrice élargie d'un ciel ; il y a frisson d'esprit, froid d'âme, désir que ce provisoire de nature cesse, que ces ténèbres passent. Le lever du soleil n'agit pas ainsi sur Millet dont les nerfs ne vibrent guère, mais une impression étrange lui vient et il la rend avec une énergie qui poigne. L'aurore est, en quelque sorte, pour lui, un armistice conclu entre la terre et l'homme. Voyez sa « Plaine au petit jour », une plaine abandonnée, avec

3.

une herse couchée dans les guérets et une charrue droite
se dressant, seule, au-dessus des sillons, alors que tour-
billonnent les corbeaux dont les essaims ponctuent de
virgules sombres le ciel qui pâlit et lentement s'allume.
On dirait de ces terres soulevées, déchirées, la veille,
par la marche des socs, d'une région bouleversée par
d'exterminatrices luttes. La nuit a mis forcément fin
au combat — la trêve existe, mais il semble qu'on va
maintenant enlever les morts et que, dès le lever complet de l'astre, la bataille va reprendre, muette, entre le
paysan tenace et la terre dure.

Un autre pastel « la Plaine » donne cette même impression douloureuse et hautaine ; c'est une plaine
immense, couchée sous un ciel que tailladent à l'horizon des lames de feux blêmes ; et déjà, tout au loin,
l'homme entre en scène, car l'on aperçoit un vague
troupeau suivi d'un berger dont la haute silhouette a
je ne sais quelle tournure hostile. Au fond, c'est toujours la même idée du Jacques Bonhomme famélique
qui guerroie pour manger son pain ; mais ainsi expri-
mée, sans déclamation de face humaine, ainsi laissée
sans désignation directe, ainsi suggérée seulement, elle
impressionne.

Puis le pastelliste est autre que le peintre. Les toiles
aux horizons rétrécis ne sont plus ; le ciel maintenant
fuit à perte de vue, l'air baigne les champs et une qua-
lité que Millet possède peut-être plus que tout autre apparaît. La matière brute, la terre, sourd de son cadre, vivante et grasse. On la sent épaisse et lourde, on sent
que sous ses mottes et ses herbes, elle s'enfonce toujours pleine. On hume son odeur, on la pourrait égrener
entre ses doigts et entrer à pieds joints en elle. Chez la
plupart des paysagistes le sol est superficiel ; chez
Millet il est profond.

Enfin cet homme, dont les procédés sont si subalternes

et dont l'exécution est si vulgaire dans ses tableaux, se révèle soudain dans ses pastels comme possédant un métier personnel, un faire original. Le travail de son crayon noir, ses tracés filiformes, ses traînées d'épingles, ses bordures avec leur adroit ragoût de crayons de couleurs dominent vraiment et deviennent pressants.

Là où il était hésitant et lourd, il s'affirme délibéré, quasi leste; ses figures mêmes se décrassent dans la poudre de ses crayons, deviennent moins emphatiques et plus vives et la comparaison est facile à établir, car les mêmes sujets sont souvent traités des deux manières. La « Gardeuse de moutons » tricotant devant un troupeau qu'un chien garde est, peinte au jus de lin, une image de première communion, une illustration nigaude et veule. Crayonnée au pastel, elle s'épure de son gnian-gnian coquet et fade et voisine le réel, puis les alentours se modifient. Ce marc de café sur laquelle elle posait dans le tableau s'est changé en de la véritable terre, le firmament s'est élargi, l'air circule, les bêtes pantèlent, car un souffle de vie anime les groupes et frémit presque sous le bonnet rouge et la capuche de la fille.

Si l'on récupère les dissemblances dont j'ai parlé, l'on arrive à coordonner en un tout étrange cette œuvre jadis tant dénigrée et maintenant si démesurément vantée. On découvre en l'homme un rustre qui ne l'est plus assez ou qui l'est trop encore; dans le peintre un pesant toilier, imbu des anciens scrupules de la palette et des vieux rites; dans le pastelliste, peignant la solitude, on trouve un suggestif et douloureux artiste, un maître terrien qui a senti la nature à certaines heures, et l'a, dans un style à lui, gravement, éloquemment rendue.

J. K. HUYSMANS

MUSIQUE

I

Le 25 mai dernier, comme on jouait le premier acte de *Mignon*, à l'Opéra Comique, une herse du cintre a mis le feu au décor. Il y avait foule, ce soir-là. « Un incendie se déclare, dit l'un des acteurs en scène. Retirez-vous avec calme; vous n'avez rien à redouter. » Les spectateurs, en effet, commencent à sortir assez posément, réclamant leurs pardessus aux vestiaires et descendant les escaliers sans se presser. Tout d'un coup, au milieu du théâtre, tombe un morceau de bois enflammé, qui fait sillage d'étincelles : l'affolement est immédiat ; on se rue dans les couloirs. Les ouvreuses, ne comprenant rien encore à la gravité de la situation, et désirant toucher leur salaire, engagent ceux qui sortent en désordre à demander leurs vêtements ; puis, épouvantées à leur tour, elles suivent l'écrasante et hurlante cohue. Au contrôle, les premiers arrivants sont adjurés de regagner leur place : le danger n'est, paraît-il, qu'imaginaire. Cependant, le flot se précipite, se pousse, tourne sur luimême, chasse tout devant lui. C'est comme une seule masse humaine qui va se meurtrissant et râlant dans une angoisse affreuse. A l'intérieur du théâtre la flam*me* gagne de proche en proche, lèche les murs, éventre les plafonds, disloque tout, dévore tout. On vient de couper les tuyaux du gaz d'éclairage : des centaines de malheureux se trouvent pris, parmi les couloirs, dans les ténèbres, la fumée, l'immense horreur. Que faire ? Par où se sauver ? Beaucoup, parvenus au bas de l'escalier, conçoivent de la réverbération du brasier une telle épouvante qu'ils remontent comme ils peuvent, sans se douter qu'ils fuient le salut. Plusieurs se souviennent de deux ou trois portes latérales qu'on ouvre quelquefois à la fin du spectacle. Quel désespoir ! Ces portes ne sont pas ouvertes. De toutes parts, on s'étouffe, on s'écrase, à vouloir monter, à vouloir descendre, à chercher la vie, à trouver la mort. Impossible de faire un pas sans piétiner des cadavres. Des riches, trop bien clos dans leurs loges, essayent en vain d'en sortir, à cause de la complication des fermetures. Il faut mourir. Alors, en cette confusion, des femmes se jettent sur leurs maris et les enlacent de leurs deux bras ; des mères serrent quasi convulsivement leurs enfants sur leur poitrine : on relèvera demain leurs corps inséparés. Il est neuf heures et demi ; le feu redouble de violence ; toutes les ouvertures vomissent le flamboiement. Un de nos amis, logé rue Favart, juste en face du théâtre, me donne ce détail navrant : « Nous percevions distinctement des cris horribles et, brusquement, le silence s'est fait. C'était fini. L'asphyxie avait eu raison des victimes. » A l'envi les pompiers accourent ; on n'entend que le cornement sinistre des pompes à vapeur, mêlé au sourd grondement des flammes qui s'activent. Autour de l'édifice incendié, la multitude grouille en stupeur. Pas une fenêtre des étages supérieures, dans toutes les maisons du boulevard, qui ne regorge de curieux. Il y a de ces curiosités qu'on traiterait volontiers d'impies. A chaque instant, une civière fend la presse :

C'est un blessé qu'on emporte, c'est un mort qu'on a découvert. Par des échelles dressées partout, des sauvetages s'opèrent. A une vertigineuse hauteur, le long des frises extérieures, tout le monde a pu voir des femmes s'avancer, folles, les mains tendues. A dix heures la coupole s'effondre avec fracas. Le ciel est rouge, et la fournaise, inondée d'eau, ronfle et grésille tout ensemble. Combien d'infortunés ont péri, qui s'étaient promis du plaisir pour tout un soir ! Mais vous savez la grande nouvelle ! On a sauvé la recette et le buste en marbre de Mme Carvalho...

J'ai voulu visiter, les jours suivants, le lieu de la désolation. La ruine branle de partout ; la scène n'est qu'un gouffre d'où s'échappent encore, par instants, des étincellements, des jets de flamme et des tourbillons de fumée. On marche partout dans un chaos de pierres brisées, de barres de fer tordues et emmêlées de bois noircis, de charbons éteints. C'est pitié de voir les galeries écroulées les unes sur les autres. Tout s'est versé dans le vide énorme de la salle et s'y est accumulé hideusement. Sous ces monceaux hérissés de colonnes de fonte à demi renversées et de tringles toutes droites, sous ces gravats, ces tuyaux brisés, ces amas de débris inexplicables, des cadavres sont cachés. Je reverrai toujours cette jeune femme de Vienne, retrouvée blottie douloureusement contre son mari, dans sa robe bleu pâle, la poitrine et les bras constellés de diamants. Dans sa fuite, le peigne d'or, qui retenait sa chevelure d'un blond ardent, dont sans doute elle faisait gloire, avait disparu et ses admirables cheveux s'étaient épandus sur elle, comme pour lui faire un beau linceul. La chute des galeries avait enseveli le couple ; les deux cadavres n'étaient plus que meurtrissures et souillures et les ouvriers qui arrachèrent aux décombres les restes de la pauvre jeune femme disputaient à la boue et aux plâtras cette *cri-*

nière lumineuse, sur laquelle tant de regards d'amour
avaient dû se fixer. Ah! qur la vie humaine est, vraiment, peu de chose, malgré ses grandeurs!...

Mais à quoi bon prolonger ces souvenirs? La charité
publique a beaucoup donné pour secourir les plus ur-
gentes misères. On a beaucoup chanté, dansé, et pris
du plaisir par bienfaisance, à la mode du jour, et au
profit des victimes. Les morts ont eu des funérailles
solennelles. La commission des théâtres impose à tous
les directeurs des précautions sans nombre contre les
incendies futurs, dont ils continueront à n'avoir cure. On
rebâtira l'Opéra-Comique et il n'y aura rien de changé...
pas même le fastidieux et suranné répertoire...

II

Le soir même où brûlait le théâtre d'Auber et de Gri-
sart, le Théâtre du Château d'Eau, constitué, pour les mois
d'été, en Opéra populaire, représentait *Nadia*, opéra
comique en un acte de M. Jules Bordier, l'un des pro-
moteurs des célèbres concerts symphoniques d'Angers.
Il appert de l'intrigue un peu bien naïve, imaginée par
M. Paul Milliet, qu'un sous-officier des armées du Tzar
triomphe d'autant plus aisément des vieux libertins dé-
bridés à lui ravir sa fiancée qu'il est mieux en mesure de
les convaincre du crime de bigamie. La partition écrite
dans la forme traditionnelle et colorée de quelques
teintes de mélodie russe, atteste l'admiration de l'auteur pour M. Massenet. A défaut d'originalité, d'assez
ingénieux détails s'y rencontrent. C'est, d'ailleurs, un petit ouvrage sans prétention. Je regrette que l'exécution
en ait été pitoyable; mais nos jeunes compositeurs sont,

dès longtemps, acculés à la douloureuse alternative de garder leurs opéras en portefeuille ou de les offrir au public dans les pires conditions.

Une œuvre plus importante a vu le jour au même Opéra populaire : le *Kérim* de M. Alfred Bruneau. MM. Paul Milliet et Henri Lavedan, en ont tiré le sujet d'une légende orientale qu'il eût mieux valu, à mon sens, traduire en ballade qu'étendre en poème dramatique. L'action y est simple jusqu'à la puérilité. Toutefois, s'il me fallait absolument choisir entre cette simplicité quasi enfantine et ce goût de complications anti-lyriques qui a toujours prévalu à la salle Favart, je n'hésiterais pas un instant. Il est grand temps de réagir contre les poèmes surchargés d'incidents où, sous prétexte de variété, l'on met les musiciens entre des situations de vaudeville et des situations de mélodrame. Le triste exemple de M. Chabrier dans *le Roi malgré lui* mérite, ce me semble, de n'être point perdu. Au demeurant, écoutez la fable nouvelle.

D'où vient la tristesse du sultan Kérim au milieu des splendeurs de sa vie ? C'est qu'une jeune fille entrevue au passage, auprès d'une fontaine, a rempli tout son cœur et qu'il ignore où elle se cache et comment elle se nomme. On lui apporte son narghilé... Oh ! le pauvre sultan qui se laisse aller à suivre ses rêves dans la fumée bleue, tandis qu'un de ses serviteurs lui lit, d'une voix monotone, des versets du koran ! Mais bientôt, le sommeil le gagne ; celle qu'il aime descend vers lui dans la vapeur dorée d'un beau songe : « O jeune fille, charmeresse que j'adore, par pitié, qu'exiges-tu pour te rendre à mon amour ? » — Sultan, je n'exige rien qu'un collier de perles blanches — un collier de larmes sincères. »

Le prince se met en chemin. Où trouver des larmes sincères ! Partout les bouches sont trompeuses, partout les yeux sont menteurs, et les pleurs qu'on croit vrais s'évaporent, versés à peine. Des cris de douleur éclatent dans une maison ; il approche, les sanglots se changent en éclats de rire. A ce moment, paraît un cortège nuptial. Pourquoi la fiancée gémit-elle ? Hélas ! on la veut marier contre son gré... Kérim ne permettra point qu'un tel mariage se consomme ; il usera de son pouvoir souverain. Mais cette vierge qu'il délivre, c'est celle-là même dont la beauté règne sur lui.

« Jeune fille, ô charmeresse, je n'ai jamais aimé que toi, sois maîtresse en mon palais. Reçois mon hommage. » — « Sultan, ton hommage n'est que raillerie. Ne demande nul amour à celle que tu fais ton esclave. » — « Charmeresse, ô jeune fille, foule mon cœur sous tes pieds. Tu vois bien qu'il n'est qu'à toi seule. » Et Kérim est à genoux, devant la bien-aimée qui tremble, si douloureux qu'un flot de larmes chaudes s'épanche de ses yeux. Larmes sincères, précieuses larmes, qui sont le talisman d'amour. Le sultan ne connaîtra plus désormais la tristesse, au milieu des splendeurs de sa vie !...

Le conte, en soi, est fait pour plaire ; mais ce qu'il contient de drame prend, à la scène, peu de relief. Nous sommes dans une vision de haschich par trop impalpable et dont notre humanité ne s'accommode qu'à demi. Ne nous présentez pas des personnages aussi vaporeux si vous tenez à nous émouvoir. Kérim n'est pas un vivant : c'est un ombre sur un mur. Zaydé n'est pas une femme ; c'est une apparition fugitive. De ces figures de ballade, vous feriez, à la rigueur, d'aimables figures de ballet ; mais, pour s'imposer à notre émotion, elles ont le défaut grave de manquer de corps.

Il nous a été donné, jusqu'ici, d'entendre deux œuvres de M. Alfred Bruneau, dans des concerts : une *Léda*, pour soli, chœurs et orchestre, où se sent à chaque page l'influence de M. Massenet, et un poème symphonique, *la Belle au bois dormant*, qui nous agrée davantage. La partition de *Kérim* est de beaucoup supérieure à ses premiers essais. Je ne crois pas que l'artiste possède un caractère personnel bien frappant, mais il a tout au moins, du goût, de l'instinct scénique, de la conscience et le zèle de la musique. S'il rappelle encore, çà et là, l'auteur du *Roi de Lahore*, c'est surtout dans la recherche du coloris oriental. Dramatiquement, il se préoccupe de déduire ses scènes du mieux qu'il peut, sans les découper en morceaux, et il tire habilement parti des thèses conducteurs ou *leitmotive* choisis par lui, desquels le principal n'est pas, malheureusement, sans faire penser au motif du serment de *Lohengrin*. Parfois son idée peu saillante se complique et s'alambique et, si courts que soient les trois actes, ils ne sont pas sans quelques longueurs. Mais, somme toute, cette œuvre de début à la scène lyrique témoigne de bonnes tendances et se recommande d'estimables qualités.

FOURCAUD

NOTES SUR LE THÉATRE

Les flammes de l'été, hélas et d'autres ! civilisation qui veux des théâtres, tu ne sais, à défaut d'un art y officiant, les construire *, si bien que comme l'effroyable langue du silence gardé le feu se darde et s'exagère puis change en une cendre tragique la badauderie des villes, tout (à cette heure de clôture) communique la désuétude de la scène. Nos prochains fastes publics ou un fastidieux anniversaire s'il n'exulte par quelque démonstration comme de modernes Jeux ! ainsi que toujours se produiront sans allusion à un embrasement idéal que les couleurs patriotiques aux étages claquetant dans la brise d'insignifiance.

L'occasion de rien dire ne surgit, et je n'allègue, pour la vacuité de cette étude dernière non plus que de toutes, plaintes discrètes ! l'année nulle : mais plutôt le défaut préalable de coup d'œil apporté à l'entreprise de sa besogne par le littérateur oublieux qu'entre lui et l'époque existe une incompatibilité. — Allez-vous au théâtre ? — Non, presque jamais — à mon interrogation cette réponse, par quiconque, de race, singulier,

*Une Salle doit surtout être machinée et mobile, à l'ingénieur, avant l'architecte, en revient la construction : que ce héros du moderne répertoire se montre un peu !

artiste choie sa chimère hors des vulgarités ou se suffit, femme ou homme du monde, avec l'instinctif bouquet de son âme à nu dans un intérieur. — Au reste, moi, non plus ! — aurais-je pu intervenir si la plupart du temps mon désintéressement ici ne le criait à travers les lignes jusqu'au blanc final.

Alors pourquoi...

Pourquoi ! autrement qu'à l'instigation du pas réductible démon de la Perversité que je promulgue ainsi « fairece qu'il n'y a lieu de faire, sans avantage exprès à tirer, que la gêne vis-à-vis de choses, à quoi l'on est par nature étranger, de feindre y porter un jugement ; alors que le joint dans l'appréciation échappe et qu'empêche une pudeur l'exposition à faux jour de suprêmes et intempestifs principes. » Risquer, dans des efforts vers une gratuite médiocrité, de ne jamais qu'y faillir, rien n'obligeant du reste à cette contradiction que le charme peut-être inconnu en littérature d'éteindre strictement une à une toute vue qui éclaterait avec pureté, ainsi que de raturer jusqu'à de certains mots dont la seule hantise continue chez moi la survivance d'un cœur, et que c'est en conséquence une vilenie de s ervir mal à propos. Le sot bavarde sans rien dire, mais ainsi pécher àl'exclusion d'un goût notoire pour la prolixité et précisément afin de ne pas exprimer quelque chose, représente un cas spécial, qui aura été le mien : il vaut que je m'exhibe (avant de cesser) en l'exception de ce ridicule, comme un pitre monologuiste des cafés-concerts où des feuillages nous servent une halte entre le Théâtre et la Nature, ces deux termes distincts et superbes de l'antinomie proposée à une Critique.

J'aurais aimé, avec l'injonction de circonstances, mieux que finir oisivement, ici noter quelques traits fondamentaux.

Le ballet ne donna que peu : c'est le genre imaginatif. Quand s'isole pour le regard un signe de l'éparse beauté générale, fleur, onde, nuée et bijou etc, si chez nous le moyen exclusif de le savoir consiste à en juxtaposer l'aspect à notre nudité intime afin qu'elle le sente analogue et se l'adapte selon quelque confusion exquise d'elle avec cette forme envolée, rien qu'au travers du rite là énoncé de l'Idée est-ce que ne paraît pas la danseuse à demi l'élément en cause, à demi humanité apte à s'y confondre, dans la flottaison de rêverie ? Voilà l'opération poétique par excellence d'où le théâtre. Immédiatement le ballet résulte allégorique : il enlacera autant qu'animera, pour en marquer chaque rytthme, toutes corrélations ou Musique d'abord latentes entre ses attitudes et maint caractère, tellement que la représentation figurative des accessoires terrestres par la Danse contient une expérience relative à leur degré esthétique. Temple initial ouvert sur les vrais temps, un sacre s'y effectue en tant que la preuve de nos trésors, ainsi. A déduire le point philosophique auquel est située l'impersonnalité de la danseuse, entre sa féminine apparence et quelque chose mimé, pour cet hymen ! elle le pique d'une sûre pointe, le pose acquis; puis déroule notre conviction en le chiffre de pirouettes prolongé vers un autre motif, attendu que tout, dans l'évolution par où elle illustre le sens de nos extases et triomphes entonnés à l'orchestre, est, comme le veut l'art même, au théatre, *fictif ou momentané.*

Seul principe ! et ainsi que resplendit le lustre c'est à dire, lui-même, l'exhibition prête au regard, sous toutes les facettes, de quoi que ce soit ou vérité adamantine, une œuvre dramatique montre la succession des extériorités de l'acte sansqu'aucun moment garde de réalité et qu'il se passe en fin de compte rien.

Le vieux Mélodrame qui, conjointement à la Danse et sous la régie aussi du poëte, occupe la scène, s'ho-

nore de satisfaire à cette loi. Apitoyés, le perpétuel sus-
pens d'une larme qui ne peut jamais toute se former ni
choir (encore le lustre) scintille en mille regards, or
un ambigu sourire déride ta lèvre par la perception de
moqueries aux chanterelles ou dans la flûte refusant
leur complicité à quelque douleur emphatique de la
partition et y perçant des fissures de jour et d'espoir :
spirituel avertissement et fil jamais rompu même si
malignement il cesse, tu n'omets d'attendre ou de le suivre, au long du labyrinthe de l'angoisse que complique
l'art non pour vraiment t'acabler comme si ce n'était
point assez de ton sort ! spectateur assistant à une
Fête, mais te replonger de quelque part dans le peuple
que tu sois au saint de la Passion de l'Homme et t'en
libérer selon quelque source mélodique de l'âme. Pareil
emploi de la Musique qui la tient prépondérante comme magicienne, attendu qu'elle emmêle et rompt ou
conduit notre divination, bref dispose de l'intérêt, la
façonne seul au théâtre : il instruirait les compositeurs
prodigues au hasard et sans l'exacte intuition de leur
magnifique don de sonorité. Nulle inspiration ne per-
dra à étudier l'humble et profonde sagacité qui règle
en vertu d'un besoin populaire les rapports de l'orchestre et des planches dans ce genre génial et français. Les axiômes s'y lisent, inscrits par personne ; un
avant tous les autres ! que chaque situation insoluble
comme elle le resterait en supposant que le drame fût
autre chose que semblant ou piège à notre irréflexion,
refoule, dissimule, et toujours contient le rire sacré qui
la dénouera. Ce jeu perpétué par les Pixéricourt
et les Bouchardy de cacher dans le geste d'apparat
dévolu au tragédien le doigté subtil d'un jongleur, c'est
toute la science. La funèbre draperie de leur imagination ne s'obscurcit jamais au point d'ignorer que l'énig-
me derrière ce rideau n'existe sinon grâce à une hy-

pothèse tournante peu à peu résolue ici et là par notre lucidité : mieux que le gaz ou l'électricité la gradue l'accompagnement instrumental, dispensateur du Mystère.

A part la curiosité issue de l'intrusion du livre et, puisqu'après tout il s'agit de littérature et de vie maintenant repliées aux feuillets, un désir en ceux-ci de se déverser à la rampe, ainsi que vient de le faire le Roman, je ne sais. Il ne convient pas même de dénoncer par un verbiage le fonctionnement du redoutable Fléau omnipotent... l'ère a déchaîné, légitimement vu qu'en la foule ou l'amplification majestueuse de chacun gît abscons le rêve ! chez une multitude la conscience de sa judicature ou de cette intelligence suprême, sans préparer de circonstances neuves ou le milieu mental identifiant la scène et la salle. Toujours est-il qu'avant la célébration des poëmes étouffés dans l'œuf de quelque future coupole manquant (si cette date s'accommodera de l'état actuel on ne doit poindre qu'en raison de notre oblitération, doute) il a fallu formidablement au devant de l'infatuation contemporaine, ériger entre le gouffre de leur vaine faim et les générations un simulacre approprié au besoin immédiat, ou l'art officiel qu'on peut aussi appeler vulgaire ; indiscutable prêt à contenir par le voile basaltique du banal la poussée de cohue contentée pour peu qu'elle aperçoive une imagerie brute de sa divinité. Machine crue provisoire pour l'affermissement de quoi, à mon sens institution plutôt vacante et durable me convainquant par son opportunité! l'appel a été fait à tous les cultes artificiels et poncifs; elle fonctionne en tant que les salons annuels de Peinture et de Sculpture, quand chôme l'engrenage théâtral. Tordant à la fois comme au rebut chez le créateur le jet délicat et vierge et une jumelle clairvoyance directe du simple, qui peut-être avaient à s'accorder encore. Héroïques donc artistes de ces jours plutôt que peindre une solitude de cloître à la torche de votre immortalité ou sacrifier devant l'idole de vous-mêmes, mettez la main à ce monument, indicateur non moins énorme que les blocs d'abstention laissés par quelques âges qui jadis ne purent que charger le sol d'un vestige négatif et considérable.

STÉPHANE MALLARMÉ

CHRONIQUE DE HAMBOURG

Des paysages norvégiens et suisses, avec des montagnes qui ressemblent à des gâteaux saupoudrés de sucre; des marines avec un navire qui disparaît dans des vagues de savon vert; des vues d'Italie, copies d'enluminures de boîtes à bonbons; des odalisques pareilles à des cartons-réclames de cigarettes; du gibier mort et vivant, positivement peint d'après les animaux en porcelaine coloriée qu'on voit sur des étagères..... ces tableaux et beaucoup d'autres toiles également insignifiantes, forment la grande majorité de cette exposition de Hambourg, comme en général de toutes les expositions.

On peut avoir pitié d'un artiste sans talent, lorsque son travail prouve un labeur, démontre que l'auteur s'est épuisé et a pressuré en vain son pauvre esprit, tâchant de produire quelque chose de bon; mais le plus souvent les toiles dont nous avons parlé sont peintes sans effort, superficiellement, et alors elles sont absolument répugnantes.

Et cette hâte d'en finir, provenant de la vanité et de la nonchalance, et surtout du désir de gagner le plus d'argent possible, ne règne pas seulement dans les ateliers des peintres nuls ; non, des artistes même en sont atteints qui ont fait leurs preuves de talent, et s'abaissent au niveau d'exécutants de café-concert, qui peignent en cinq minutes une cascade avec ses accessoires.

Aussi il est incroyable combien de tableaux et d'aquarelles sont expédiés de certains ateliers ; d'où il résulte que les expositions sont toujours richement garnies de variations sur un sujet connu, d'études hâtivement brossées, qui doivent passer pour des tableaux grâce à leur cadre d'or.

Il n'est pas difficile de citer quelques exemples pris dans le tas : M. Smith Hald expose pour la trentième fois la femme de pêcheur attendant avec son enfant sur la plage norvégienne couverte de neige. Au loin on voit naturellement le bateau où se trouve l'homme, au moment où le soleil vient de disparaître. Et cette œuvre est plus molle, plus fade encore que les antérieures. M. Fricke, sur qui je reviendrai plus tard, a exposé un petit panneau enfantin, couvert de petites touches de couleur sale, visiblement un travail manuel de quelques heures.

Le *Départ pour la pêche* de M. Kroyer montre un réel talent, mais pourquoi se contente-t-il de grandes plaques de couleurs trop superficiellement brossées, d'un travail trop lâché ?

Un des plus grands exemples, sinon le plus grand, de travail machinal nous est donné par l'exposition des œuvres de M. Jan van Beers, réunie ici pour quelque temps. Ce peintre qui débuta par imiter les anciens Flamands et qui montra alors un travail réellement intéressant, fabrique maintenant avec une habileté sans égale des sujets modernes. Malheureusement ses œuvres ne dénotent aucune personnalité marquante. Son art est simplement bourgeois, sans originalité ; et il plaît à public parce qu'il ne s'élève pas dans sa manière de voir au-dessus du vulgaire, et partant est très compréhensible.

Mais le succès de M. Jan van Beers est encore considérablement dépassé par celui de M. Rochegrosse, avec sa *Folie de Nabuchodonosor*.

Les admirateurs du « grand art » s'écrasent devant cette énorme toile, et sont pleins d'admiration pour l'homme « aux belles boucles à l'encre bleue » qui pose au bas de l'escalier, et pour les figures maçonnées dans le haut, peintes avec les mêmes couleurs heurtées que les bâtiments. Ni chairs ni étoffes ne sont exprimées dans ce tableau grossièrement peint, ce n'est que de la couleur à l'huile.

Au milieu de banales romances peintes par de faibles imitateurs de Vautier, Knaus, et Defregger, se trouve les *Pèlerins d'Emmaüs* de Fritz von Uhde, frappant par sa naïve conception. Jésus, dans l'expression mystique traditionnelle, est assis à une table, avec ses disciples, de simples paysans ; le tout est enveloppé d'une égale lumière grise ; au fond une femme travaille dans la pénombre. Il y a dans cette œuvre une profondeur et un ton parfait d'intérieur qui la rend bien préférable à la grande composition, *Laissez venir à moi les enfants;* ceux-ci sont mincement peints et insubstantiels.

Il est regrettable que l'on n'ait pu avoir de Menzel une meilleure toile que sa *Vue de Paris*, qui ne fait pas deviner les grandes qualités que possède le premier peintre de l'Allemagne.

M. Max Liebermann persévère dans sa sincérité à rendre fidèlement ce qu'il voit, et sa *Famille d'ouvriers* assise autour d'un plat de pommes de terre fumantes est certainement une œuvre d'un caractère plus élevé que ses tableaux antérieurs, parce que c'est peint avec plus de fraîcheur.

La critique estampille de « naturaliste » le chantier

de M. Hochhaus, où des centaines d'ouvriers grouillent autour d'une carène de vaisseau. C'est une illustration papillotante, non sans mérite de coloris.

L'*Intérieur* de Paul Hoeckers fait penser à un tableau hollandais par sa division d'ombre et de lumière. Les hommes, surtout le vieux, sont de bons types, mais on demanderait plus d'ensemble et moins de couleurs criardes.

Les tableaux de M. Artz ont l'avantage de gagner aux expositions et font une impression passable. Des deux intérieurs de pêcheurs de Scheveningue, cela ne peut être dit. Ce sont simplement de mauvaises répétitions d'anciennes œuvres.

Jadis Henkes peignait avec grand soin des vieux types fumant leurs pipes et chauffant leurs mollets devant un feu pétillant, des vieilles filles jabotant au milieu de meubles d'autrefois dans des pavillons hollandais, au bord de l'eau, en prenant le thé, en un mot des scènes de chambre obscure de Hildebrandt; depuis quelques années il donne des sujets modernes dont son *Ouvrier de distillerie* est un des plus réussis. L'homme, dans son costume de grosse toile, et dont la figure et les jambes nues reflètent la lueur du feu, est excellent d'action et de ton. Il ne pose pas, mais travaille.

Après avoir encore nommé une étude de M. Fricke pleine de talent, dans le vieil entrepôt Hambourgeois simple et juste de couleur, je crois devoir passer aux paysagistes et aux peintres militaires, qui en Allemagne comme en France se comptent par centaines.

Au point de vue artistique, M. A. von Werner égale sans conteste M. Detaille, et M. Rau, M. Protais. Je crois que ceci suffit, et qu'il est inutile de s'arrêter plus longuement à l'ouvrage de ces messieurs, qui sont toutefois plus pacifiques dans leurs sujets que leurs collègues français, ceux-ci peignant de préférence des batail-

les, tandis que les Allemands donnent des soldats au
repos, buvant, ou faisant l'amour.

Quelle jouissance que de découvrir un artiste dont on
n'a jamais entendu parler ! Je l'ai goutée, lorsque mon
regard, fatigué de regarder involontairement toutes sortes de croûtes, fut ravi par un grand paysage d'hiver de
M. Franz Bombach. Une bruyère légèrement couverte de
neige ; au premier plan rien que des broussailles dessé-
chées, brunies ; à gauche un moulin de bois avec quelques maisons et dans le ciel gris un vol d'oiseaux noirs.
Cette œuvre saisit par la naïve simplicité avec laquelle
le morne temps d'hiver est rendu. Celui qui sait faire
une telle œuvre a un réel tempérament de peintre.

M. Wilhelm Bombach, le frère, représente un bateau
dans des vagues, en Jutland ; il a brossé avec une belle
audace le lourd navire, d'un blanc rouillé, et les vagues
écumantes, roulant l'une sur l'autre.

Il est étrange qu'un grand nombre de jeunes peintres
allemands semblent voir la nature dans un miroir noir,
tant leurs verts sont obscurs, leurs eaux foncées. Je
préfère de beaucoup à de telles œuvres le *Clair de lune*
de Munthe, quoique cette toile rappelle la peinture sur
porcelaine.

Parmi les envois d'étrangers, le *Paysage d'automne*
de M. Bakhuysen se distingue par la vigueur, le beau
ton sonore de sa peinture ; aussi tue-t-il tout son entou-
rage.

M. Tholen nous donne dans son *Après-midi d'été* une
lumière argentine pleine de mystère et des ombres d'une
fine tonalité grise. Et je crois cette énumération complète en mentionnant encore la fraîche esquisse de Ga-
briël, et *l'Allée de hêtres* de Fh. Verstraete.

Un peintre dont les œuvres attirent fort l'attention,
n'a pas exposé : M. Bœcklin, que beaucoup de personnes considèrent comme l'homme de génie parmi les

4.

jeunes. Récemment j'avais l'occasion de voir quelques-unes de ses œuvres. Quelle désillusion ! Après tout ce que j'avais entendu dire de lui, je croyais trouver quelque chose de violent, d'écrasant, et je vois des œuvres aussi creuses que les poids de cartons des saltimbanques. Je ne veux pas dire que comme peintre M. Bœcklin n'ait aucune valeur ; je crois même qu'il sait son métier et qu'il pourrait donner quelque œuvre de mérite, si le goût de paraître bizarre, fantasque, ne dominait pas chez lui. Comparé à Goya ou à Redon, ses fantaisies sont pauvres et misérablement habitées. Il suffit de voir sa *Source :* une jeune femme vêtue de gaze bleue est assise sur un rocher d'où coule une eau dans laquelle un jeune faune scrofuleux, maigre, un vrai type de voyou, trempe ses doigts. Quelle nouveauté ! Un autre faune, à la figure rouge, boursoufflée, est assis à coté de lui dans la pâle verdure. Dans le ciel des amours dansent une ronde.

Certains morceaux sont réellement bons, mais cette toile, de même que son *Jeu des vagues*, prouvent que le alent de M. Bœcklin ne répond pas à sa réputation.

ARY PRINS

SUR LES TALUS

A Gustave Geffroy

Ça se passe sur les fortifications,
Ce rendez-vous, parmi des végétations
D'herbe jaune, aux talus, et de linge qui sèche,
Et d'arbres maigres comme des cannes à pêche,
Sous des bonnets de coton de nuages gris,
Des bonnets avec les panaches de fumées
D'usines suburbaines, çà et là, semées
Aux portes de Paris, — et si loin de Paris !
Et des tambours, et des clairons à l'exercice,
Et la tonnante voix d'officiers de service
Aux manœuvres de « bleus » devant les bastions
Traversent la tristesse de mes factions...

Des tombereaux s'embourbent, là-bas, sur la route.

Une robe à dentelles, à volants,
Sur la rigidité de jupons blancs,
Une robe ondulante et qui froufroute,
Voici qu'Elle arrive, par les glacis,
En corsage et en toque cramoisis,
Dans la robe ondulante et qui froufroute,
Toute dentelles, volants et rubans.

Dans les fossés, noire et sèche, une chèvre broûte...

Enfouis sous les capuchons de leurs cabans
Roides, les douaniers vont et viennent derrière
Les fers de lances des grilles de la barrière.

De la toque de velours, ses cheveux
A la chien, tombant jusque vers ses yeux,
Et jusque vers ses pommettes, rosées
Comme les roses après les rosées,
En toque et en corsage cramoisis,
Voici qu'Elle arrive par les glacis.

Le vent, parmi des senteurs de flores fanées,
Détache les vieilles feuilles ratatinées.

Ses cheveux qui s'ébouriffent un peu
Dissolvent de l'or en son regard bleu ;
Une mèche, annelée et frisottée,
S'effare sur sa nuque duvetée.

Il flotte des tristesses de rêve, dans l'air
Saturé des senteurs mourantes de l'automne,
Éparses en les souffles du vent qui chantonne
Aujourd'hui, d'une voix déjà pleine d'hiver.

Les feuilles tombent comme des ailes tuées,
Se débattent comme des ailes engluées
Dans la boue épaisse et rouge sur le chemin,
Où leur mort a, pour sûr, quelque chose d'humain.

Elle dégante un peu de sa main blanche ;
Hors la robe, ses pieds alternatifs
Rasent le sol, tels des oiseaux furtifs ;
Elle dégante un peu de sa main blanche,
De sa main qui volète, hors la manche,
Et voilà qu'Elle m'a tendu la main.

Les feuilles, brusques, sautillent sur le chemin ;
Dans le soir, ouaté de brume monotone,
Jouent les tambours et les clairons alternatifs,
Et flottent les senteurs mourantes de l'automne
Et rasent le sol, comme des oiseaux furtifs,
Les feuilles cliquetantes au vent qui chantonne.

*
* *

J'ai mis sa main en cage dans ma main,
Et nous allons, au hasard du chemin,
Parmi les arbres, en corsets de fer,
Se raidissant, comme des vieux, au bord
Du trottoir, et se cambrant dans l'effort
De résister au vent chargé d'hiver ;
Et cette main, que j'ai saisie au vol,
S'abandonne en un consentement mol
Aux étreintes factices de mes doigts,
Tandis que par le crépuscule roux,
Allumant loin les vitres sur les toits,
Le sillage de sa robe à froufrous
Draîne les feuilles le long du chemin
Où j'ai sa main en cage dans ma main.

*
* *

Bonjour... Elle me tend ses lèvres à baiser
Et mon baiser qui s'est égaré sur sa joue,
Parmi les frisons de ses cheveux blonds se joue,
Avant que d'aller sur sa bouche se poser.

Le soir enserre peu-à-peu la plaine rase,
Comme dans les étroites mailles d'un filet,
Dont la chute silencieuse accumulait
De la tristesse, autour de notre vaine extase.

Voilà que le soir devient la nuit sans surseoir,
Et que dans l'ombre calmante dont la caresse
Effleure de son aile nos cœurs en détresse,
Il faut que je Lui dise pour toujours : Bonsoir.

*
* *

Dans la vespérale et morbide somnolence
Automnale des choses, parmi le silence,
Notre amour n'est plus guère que le souvenir
De vieilles amours — qui ne savent pas finir...
Ma maîtresse n'est là que par sa voix qui tousse
Dans ce froid ; par sa main en cage dans ma main,
Par sa robe qui soulève la valse rousse
Des feuilles tournoyantes au long du chemin,
Non par son âme, et moi, mon âme se balance
Dans un passé berceur de brume et de silence.

Peut-être qu'Elle prend mon silence glacé
Pour de l'amour en dedans, ou pour une pose
Extatique d'un cœur atrocement blessé,
Comme je prends pour moi son cher sourire rose,
Tandis que, leurre mutuel de nos regards,
Mensonge des mains qui se crispent en étreintes,
Le vent souffle devant moi des rêves hagards
Et rallume pour Elle des heures éteintes ;
Et, souvenirs de rêve ou de réalité,
 Nous ne sommes l'un pour l'autre que des chimères :
Mon regard vole vers des songes éphémères,
Son sourire vient d'une ancienne volupté ;
Je ne suis pas la cause exacte de sa fièvre,
 Elle n'est pas le but de mes désirs cruels ;
 Elle prend le baiser d'un autre sur ma lèvre,
 Et je prends la main d'une autre à ses doigts réels.

*
* *

Tous les amants et toutes les amantes
Chantent la perpétuelle chanson
Que les orages et que les tourmentes
Fanent l'amour en pleine floraison ;
Et, dès lors, les voilà qui, sans raison,
Pleurent, de peur que leur amour soit brève
Comme des traces de pas sur la grève,
Tandis que le seul mal à survenir
Est la souffrance maussade et griève
Des amours qui ne savent pas finir.

Les amants vident d'une avide lèvre
Le vin doux, le vin traître du baiser,
En guise de quinine pour leur fièvre ;
Et, tel, sans soif, l'ivrogne dégrisé
Boit, pour secouer, à son front brisé,
La torpeur des lendemains d'ivresse,
Tel, sans amour, retourne à sa maîtresse
L'amant qui devait ne plus revenir,
Lorsqu'il a senti la fatigue épaisse
Des amours qui ne savent pas finir.

La rose, quand sa pourpre s'anémie,
Il faut bien laisser les vents opportuns
Éparpiller sa corolle blémie
Dont le printemps épuisa les parfums ;
Pourquoi revouloir les bonheurs défunts ?
On ne ravive pas la flamme éteinte.
Pourquoi le mensonge et pourquoi la feinte
En place de bénir et de bénir
Le dieu d'aimer quand il brise l'étreinte
Des amours qui ne savent pas finir ?

Chère âme, laissons au vent qui l'emporte
Se disperser notre vieille amour morte

Plutôt que de vivre de souvenir
Dans l'acharnement de vilaine sorte
Des amours qui ne savent pas finir.

*
* *

Le vent souffle et s'essouffle à travers l'avenue ;
Le vent sanglotte d'une voix discontinue ;
Le soir brouille au lointain la plaine et le coteau,
Dans le paysage, où glisse comme à fleur d'eau,
Sur la banlieue un ténébreux rideau de brume,
Éteignant toutes les couleurs sous un bitume,
Et cela donne l'illusion d'une mer,
Vers laquelle la ligne de chemin de fer
De ceinture va plonger comme une jetée...
Un arbre simule une mâture agitée,
Et la gare prochaine figure le port,
Où des quais encombrés de mâts et de cordages,
Le navire arrivant et le steamer qui sort
Surgissent à mes yeux parmi des engrenages,
Des machines sifflant et soufflant et ronflant
A travers l'air, obscur de fumée, et brûlant,
Et je suis sur les quais, avec ma bien aimée,
Un peu triste et, devant le départ, abîmée...

*
* *

Mes rêves nostalgiques voguent vers ailleurs,
Vers des horizons que je suppose meilleurs,
Vers l'inconnu que déroule toujours la vague,
Vers l'indécis, vers l'imprécis et vers le vague
Qui sont les pays du poëte et de l'amant,
Les seuls pays où l'on respire largement,
Au-dessus de l'espace fatal, et de l'heure,

Et je me laisse bercer doucement au leurre
D'une mer submergeant les becs de gaz falots,
D'une mer de brouillard, attristée et qui pleure
Tous les murmures de Paris, comme des flots...

*
* *

La vague moutonnait bien un peu ce soir-là,
Mais on est matelot avant tout, et voilà
Pourquoi l'on part, malgré que la mer soit vilaine.
Les moutons ? on leur passe la main dans la laine,
Pour se chauffer à la chaleur de leur toison,
Et si la mer se montre maîtresse rebelle,
On sait comment la ramener à la raison...
On va lui friper ses dentelles à la belle...
Pare à virer... la barque file... à l'à-revoir...
Un gars se détache encore en noir sur le noir,
A l'arrière... et s'efface... et du ciel lourd et sombre
Il descend, sur la mer, comme un couvercle d'ombre.

. . . .

La chaumière est près du « Calvaire des Marins »
— Où montent les jours de fête les pèlerins —
La chaumière bretonne, avec la porte basse,
Des fenêtres d'étable, et morne et comme lasse
De l'assaut furieux et fou des ouragans,
La chaumière bretonne, selon la légende,
Que doivent assiéger, la nuit, les korigans
Et les gnômes et les farfadets de la lande.

Sur le chemin, hanté de maigres chiens jappeurs,
Près de là, le « Moulin Mareck » jette des peurs,
Et sous ses bras maudits de faucheux qu'il agite,
Vers le Christ de granit qu'a rongé l'air salin,

5

La cabane paraît encore plus petite,
Entre les bras du Christ et les bras du Moulin.

. . . .

Dedans, des avirons, des cordes, de la toile,
Pêle-mêle un rouet, des filets, une voile,
Mais tout cela poudreux de tristesse et d'oublis,
Manifestant le deuil de combien de mémoires !
Une image de saint sur le bois brun des lits,
Qui sont encastrés dans le mur, en rangs d'armoires...
Des écuelles à fleurs, sur un bahut boiteux...
L'aïeule et Maria sont seules toutes deux,
Sans plus un homme survivant dans la famille,
Toutes seules ! l'aïeule et la petite fille,
Dont le promis est à la pêche, ce soir-là :
Car on est matelot, avant tout et voilà.

. . . .

La vague giffle la vague précipitée,
Et les vagues escaladent sur la jetée,
Vers le village où nulle lumière ne luit.
Les flots, comme des socs, labourent la falaise,
Et le ciel se confond avec la mer mauvaise,
Comme de la nuit qui tomberait sur la nuit,
Et la bourrasque geint et la rafale ahane —
La bourrasque et la rafale — sur la cabane —
Où la vieille, ridée ainsi qu'un parchemin,
Égrène un chapelet, tout usé de sa main,
Tandis que Maria se signe et que, furtives,
Ses lèvres vierges ont murmuré le nom d'Yves.

. . . .

Dès le jour, Maria va le long de la mer,
Sous un ciel d'aquarelle très tendre et très clair,
Qu'égratigne un vol en virgule de mouette,
Les pieds nus comme les pêcheuses de chevrette,

Son jupon de tricot, plaqué sur les mollets ;
Les yeux vers le large, inspectant la mer déserte,
Elle va par la grève plate et les galets,
Et la mer changeante, au loin blanche, bleue et verte
Est calme, et ne frissonne pas plus qu'une chair
Sous l'éventail, tant la brise est molle dans l'air...

.   .   .   .

Des vieilles, cependant, s'attardent dans le hâvre,
Quoique n'espérant plus le retour des pêcheurs ;
Mais lorsque le flot leur engloutit l'un des leurs,
Ce serait bien le moins qu'il rendît le cadavre.
Elles ne pleurent plus ; car l'Océan a pris
Tout ce qu'il y avait de pleurs sous leurs paupières ;
Elles ne pleurent plus ; l'eau de leurs yeux taris
N'a servi qu'à gonfler des vagues plus amères...

.   .   .   .

Mais Maria n'avait encor jamais pleuré,
Et pour elle, aujourd'hui, la douleur était neuve ;
La vierge Maria pleure, comme une veuve
Tout le long de la mer, son deuil prématuré ;
Et le flot met des bracelets à sa cheville,
Et le flot autour d'Elle en perles s'éparpille...
Les mains comme des ailes planant sur ses yeux,
Elle sonde le vide immuable des cieux
Et de la mer changeante, blanche et bleue et verte,
Dont s'étend jusqu'aux cieux l'immensité déserte ;
Elle attend, toute droite, sur le bord des flots,
Qui scandent en échos ses douloureux sanglots,
Et jusqu'au soir, elle s'obstine sur la grève,
Droite sur ses pieds nus, par les galets broyés ;
Devant le flot qui tisse sa dentelle brève,
Brève comme l'écume aux lèvres des noyés...

.·.

Ma maîtresse s'étonne
De mon silence, et tousse
Et m'abandonne
Ses lèvres douces,
Ses lèvres folles,
Si douces que le vent s'arrête,
Comme un papillon sur les corolles....
Toute câline, sa tête
Sur mon épaule se penche
Et je sens s'insinuer dans ma manche
Sa main moite de fièvre
Et sa lèvre fondante se colle à ma lèvre,
Et sa bouche adorablement s'épanouit
Dans le mystère
De la fleur et du fruit...
Mais elle a fini de se taire,
La voilà qui jacasse et me raconte
Son adolescence,
Après son enfance,
Et, depuis, son existence,
Heure par heure, elle m'en fait le compte.
Elle me dit le prix
De ses robes et de combien de canaris
En cage son petit cœur est épris,
Et dans les eaux de sa mémoire,
Elle pêche des souvenirs,
Grimoire.
Menhirs.
Vers les huit ans, on la mit à l'école,
A dix ans, elle eut la rougeole,
Sa mère en faillit devenir folle!
Communion.
Confirmation.
Elle me promène à travers sa vie,
Les lys et les orangers du mariage,

Et les violettes de Parme du veuvage,
Comme à travers une campagne fleurie,
Comme à travers la gloire printanière
Des campagnes trop vite fanées,
Et elle effeuille sa destinée
Pour en fleurir ma boutonnière,
Et elle dit qu'elle s'est à moi donnée
Comme la dernière des dernières
Et que, peut-être, à présent, je la méprise,
Oh! rien que d'y penser son cœur se brise...

*
* *

Vous êtes bien heureux d'être homme, vous,
Avec le droit de vous rouler à nos genoux
Et de nous fourrer dans le cou des baisers fous,
Sans que le monde s'en étonne,
Tandis que toutes les foudres morales tonnent
Contre la faible femme qui se donne
Comme une enfant,
Tout autant
Que contre la fille qui se vend.

J'étais veuve — mais honnête —
Et nul, au plus fort d'une fête,
Ne m'aurait fait détourner la tête
Pour suivre son œil allumé,
Et mon cœur est resté fermé
Jusques à vous, mon bien aimé,
Dont je devins la maîtresse !
La maîtresse ! entends-tu ? dans ma détresse
De femme seule qui veut des caresses.

J'étais malheureuse, avec mon défunt,
Quoiqu'il m'aimât, comme pas un

Mais il était si commun,
Toujours parlant d'affaires,
D'avoués, de notaires,
Du rendement de ses terres
Et, ce qui faisait mon désespoir,
Il ne serait jamais sorti, le soir,
Et jamais ne me conduisait rien voir.

Pauvre cher homme ! ce n'est pas que je le blâme,
Le ciel ait son âme !
Mais il manquait par trop de flamme
Dans le foyer conjugal
Et ce fut bien banal,
Notre amour ! Mais ça t'est peut-être égal
Que tu sois le premier à m'avoir eue
Toute — cœur et chair — maintenant que j'obstrue
Ta jeunesse, de ma jeunesse disparue.

Je ne suis plus jeune, vingt-six ans !
C'est de l'hiver sur ton printemps
Et, tu ne m'aimes plus autant
Que jadis, tu te rappelles,
Quand tu étais toujours à mes semelles,
Jurant que pour toi je serais toujours belle,
Et la plus belle — mais aujourd'hui
Sans doute, un autre amour a lui
Sur ton cœur, et nous, c'est fini...

                         .·.

Cataracte de ses yeux ! voilà qu'elle pleure
Et qu'elle m'inonde un quart d'heure
A une époque où les pleurs sont si chers —
O mon Dieu ! gardez-nous d'une crise de nerfs

Trop tard ! toute pàlotte
La voilà qui s'accote
Sur mon épaule et sur mon cœur
Et dans mes mains se convulsent ses menottes
Et sa voix sanglotte entre ses quenottes,
Et tout à coup éclate, moqueur et vainqueur,
Son rire frais comme les roses,
Parfumé comme les printemps,
Frais et parfumé comme les vingt ans,
Et c'est, après la pluie, un retour du beau temps,
Comme au printemps et comme aux vingt ans bleus et roses,
Et elle pleure et elle rit à la fois,
En me serrant contre son cœur aux abois...

                    . .

Mais c'est fini ! comme elle disait tout à l'heure,
Et c'est en vain qu'elle pleure,
Tous les pleurs de ses yeux ne ranimeraient pas
La fleur d'amour fanée au fond de mon cœur las.

                    . .

On l'appelait Madame Bélizien,
Veuve et le deuil lui allait si bien
Qu'on eût pu croire, sans plaisanterie,
Que son mari s'était en allé de la vie
Pour le spécial plaisir de voir
Si sa femme saurait porter le noir,
Tandis que des soupirants, en nombre,
A la voir passer, belle comme une ombre,
Faite à ravir, et pour ravir,
N'avaient au contraire que le désir
De lui voir quitter la robe sévère
Qu'elle portait si bien de façon à plaire.

Qu'elle portait bien et qu'elle quittait mieux,
Comme j'avais pu juger, de mes yeux.

De l'amour, tout au plus épidermique,
Avec le souci du monde, autour,
Avec la permanente panique
Que tout ne se découvrît un jour ;
Mais, l'habitude prise,
Périodiquement on se grise
Aux alcooliques odeurs des cheveux,
On se noie à chaque instant dans ses yeux bleus,
On se pend au cou de la bien-aimée,
On sait bien qu'on ne l'aime pas,
Mais on ne peut plus faire un pas
Sans la sentir à son bras, pâmée.

On traîne, dans les cabinets des restaurants,
Sur les banquettes mal propices
Où s'assouvissent les appétits errants ;
Et, là, pleine de caprices,
Elle grave, avec un plaisir enfantin,
Son petit nom, sur des glaces dont le tain
S'use à refléter la pourpre pisseuse
Des tentures et des canapés
Qu'ont fatigués les amoureuses
Ordinaires des lieux à soupers.

Les garçons, sous le bras leur serviette équivoque,
Cassent la rigidité de leurs plastrons
A se courber; les maîtres d'hôtel, gras et ronds
Avec, sonnant sur le gilet, leurs breloques,
Nous escortent d'un sourire épais,
Et le chasseur, doré, suit jusqu'à la voiture
Et ne nous donne la paix

Qu'il n'ait bien vu notre figure,
Tout en mendiant son pourboire d'une main,
Et la voiture ne part à la fin
Qu'au bon vouloir d'un cocher en ribote :
Hue Cocotte.

Un jour, las d'être en fiacre cahotés,
Las d'une amour toujours en route,
Ne reposant qu'en des lits numérotés,
On se dit que, somme toute,
Puisqu'on ne l'aime pas,
Il est bien inutile
De lui emboîter toujours le pas,
Que mieux vaudrait trouver un prétexte futile
Pour ne pas continuer plus longtemps
A faire les enfants,
Puisqu'on pense la même chose,
Mais il faudrait se le dire... et l'on n'ose...

On s'aperçoit trop tard
Qu'il y a eu mal-donne
Et que seul le hasard
Est coupable de l'erreur sur la personne,
Mais plutôt que de se l'avouer
Alors, on va jouer
Aux amoureux pour de bon, tout de même
Avec des : je t'aime, je t'aime,
Et des baisers doux comme le miel
Au rendez-vous habituel...

. . .

J'ai des révoltes soudaines
Où je m'accuse de lâcheté,
Où je ramasse toutes les causes de haines

Qui rampent au fond de mòn cœur désappointé :
Je cherche les imperfections physiques,
Qui ravaleraient à mes yeux son corps,
A présent que je sais les musiques
De sa voix, dans leurs plus troublants accords ;
A présent que son corps n'a plus de merveilles
Que n'ait découvertes, mon baiser
A présent qu'elle n'a plus pour mes oreilles
Des mots assez nouveaux pour me griser,
A présent qu'elle n'est plus qu'une poupée
Morte et fripée
Comme celle dont les enfants vident le son
Et dont s'évade par le ventre la chanson.

Je lui en veux d'avoir passé sur ma route
Et de s'être abandonnée à moi toute
Sans passion,
Comme d'une profanation ;
Je lui en veux de son amour futile,
Comme d'un sacrifice inutile,
Puisque cela dans mon cœur n'a rien fait bouger,
Puisqu'il continue à neiger
De l'hiver sur ma vie
Dans je ne sais quel sortilège assoupie.

Je lui garde rancune d'être une fleur
Splendide — et morne — sans odeur :
Telles les fleurs de taffetas des modistes
Et de briller comme les soleils sans chaleur,
Les soleils d'hiver — et les améthystes.

Puis, toujours, cet orgueil qui se soumet
A mes extravagances ;
Je crois que si elle m'aimait

Elle montrerait moins de patience;
— Et je lui en veux de ma lâcheté
Qui se heurte à sa facile bonté
De femme qui pleure et larmoie
Et j'ai peur du fleuve de ses pleurs où se noie
Mon cœur aux jours les plus résolus,
Et je lui en veux, surtout, de ne l'aimer plus...

*
* *

Je ne mentirai pas plus longtemps, et ce soir
Je vais lui dire « qu'on ne pourra plus se voir »
Et je lui servirai l'histoire d'un voyage,
Avec promesse d'écrire — selon l'usage;
Je me donne du temps, jusqu'au Rond-Point, là-bas,
Là-bas, où, d'habitude, elle me quitte, en sorte
Qu'à ce moment l'émotion sera moins forte,
Et je me promets que je ne faiblirai pas.

*
* *

Le Rond-Point me surveille, à travers le brouillard,
De tous les yeux des omnibus et des voitures,
Et ces multiples yeux semblent dire : « Il est tard,
» Va, pour aujourd'hui, c'est bien assez de tortures. »

Comme les gros yeux bêtes de quelque poisson,
Des bocaux verts aux vitres d'une pharmacie,
M'interrogent, et me disent à leur façon :
« C'est la fin de ton amour qui se négocie? »

Des fiacres passent en écarquillant leurs yeux
Multicolores, et les yeux fallacieux
Des lanternes de chiffonniers rasent la terre.

Et ces yeux de couleurs « me regardent me taire »

Parmi les becs de gaz qui pleurent en circuit
Des larmes, sur le drap funèbre de la nuit...

Ah ! qui ne les connaît, les serments à soi-même !
Je jure qu'elle saura, ce soir, que je l'aime !
Mais la parole mue aux lèvres des amants
Qui veulent dire : j'aime, et parlent du beau temps.

Tel je dépasse l'arbre marqué, sans mot dire.
Mais elle : « Sais-tu bien, je préfère t'écrire,
Je ne suis pas sûre aujourd'hui d'un rendez-vous,
Et je t'écrirai pour un jour aller chez nous... »

Chez nous ! Ah ! oui : la chambre d'hôtel mal meublée,
Les allumettes, la clef dans le chandelier !
Et ta photographie humide et gondolée
Que nous piquâmes aux fleurettes du papier
Bleu jadis et moisi par endroits aux bordures...
Un jour néfaste s'infiltre par la blancheur
Douteuse des rideaux, tandis que la fraîcheur
Équivoque des draps surgit des couvertures
Vagues, sur un lit mesquin, étroit et banal...
Au mur se fanent des gravures d'un Journal
Illustré : « Jeune enfant allaité par sa mère »,
« Retour au Village » et « Souvenir de la guerre »...
Dans un tiroir, il traîne une épingle à cheveux,
Un bout de cigarette, une écorce d'orange,
Un tire-bouton pour tes bottines, mon ange !...
Et voilà le chez nous tout plein de nos aveux,
Un chez nous chez les autres, à tant la semaine...

Et cependant, les rideaux tirés, quelquefois

Nous avons su dépouiller l'enveloppe humaine,
Et n'être qu'un seul corps et n'être qu'une voix,
Oublier autour de nous la honte des choses,
Évoquer des printemps incendiés de roses,
Dans la chambre glacée où brûlait notre amour,
Du chaos de la nuit tirer un peu de jour,
Et voler, mais sur des ailes icariennes,
Hélas ! vers des félicités aériennes
Hors des sens saturés et gorgés de baisers.

Quelle chute ! Et nos cœurs; comme ils se sont brisés,
Ou plutôt « notre cœur » — nous n'étions plus qu'une âme
Notre cœur s'est fendu. Vous reprîtes, Madame,
Ce qui fut votre cœur, et je repris le mien
Où plus rien ne bat plus de notre amour ancien....
La minute ne fut guère qu'une seconde
Où porté sur le flot profond de vos cheveux,
J'oubliai l'Océan gemmé dans vos yeux bleus,
Pour mourir un très peu dans une extase blonde,
Faite de mon rêve et faite de votre chair,
Une seconde qui fut bonne, mais trop brève,
Une seconde impalpable comme de l'air,
Et plus indessinable que l'ombre d'un rêve.

A part cette minute, notre amour fut gris
Comme notre « chez nous » ! cette chambre meublée
Qu'en vain tu parfumais de ta poudre de riz
Et de toute l'odeur de ton corps envolée.
L'air avait toujours des fadeurs de renfermé ;
Et du feu, jamais on n'en avait allumé.....
Comme cela sentait les amours passagères,
Le pot-à-eau, dans la cuvette pleine d'eau,
Les attaches, toujours défaites, du rideau
De la fenêtre, et l'évier des eaux ménagères,
Dont le relent soufflait à travers l'escalier

Où l'on montait à la lueur d'un chandelier,
La chambre était laide et triste comme Décembre.
J'étais trop pauvre pour avoir une autre chambre,
Et pas assez poëte pour lambrisser d'or
Les murailles poussiéreuses du corridor.

Pourtant aux quelques heures où nous aimâmes,
Les lieux n'avaient pas de tristesse pour nos âmes,
On pense peu, lorsque l'un dans l'autre on se fond,
A compter des toiles d'araignée, au plafond...
Mais, en fin de compte, c'est triste tout de même
Et la sale tristesse des chambres sans feu
Donnant sur une cour qui reçoit du ciel bleu
Presque à regret un peu de jour tremblant et blême
Tombait en un brouillard sur nos cœurs rabougris
Comme des arbres dans la campagne gelée ;
Et notre amour mourait de ce décor trop gris,
De ce chez nous, dans une chambre mal meublée...

.·.

« Je ne suis pas sûre, aujourd'hui, d'un rendez-vous
« Mais je t'écrirai pour un jour aller chez nous. »
Elle me dit cela, comme une bagatelle :
« Mais je t'écrirai pour aller chez nous », dit-elle...

Et moi, qui m'apitoie intérieurement
Sur l'insalubrité de notre logement,
Sans comprendre qu'elle a trouvé le moyen terme,
Sans comprendre qu'elle est bien plus forte que moi.
Et voilà que je manque presque d'être ferme,
Au point de ne pouvoir lui cacher mon émoi.

.·.

Moi qui pensais cela si difficile à dire,
Qui voulais me prouver que tout était bien mort,
Et qui poussais le scrupule jusqu'au remords !
Il n'y avait donc qu'à promettre de s'écrire,
N'en rien faire, et c'était d'une simplicité !
Elle me tend la main. Elle approche sa joue,
Et c'est pendant que, si gentiment, elle joue,
Souriante, son mensonge prémédité,
Que le souvenir de notre « chez nous » m'emporte
Vers le passé grisâtre de notre amour morte !
Je craignais de lui causer une émotion !
Pauvre ! Je ne la croyais pas si préparée !
C'est Elle qui m'a fait boire la potion,
Qu'elle avait d'ailleurs au préalable sucrée...
C'est fini, c'est tout, Elle ne m'écrira pas,
Et, certes, nous ne reviendrons pas sur nos pas.

.·.

Nous arrivons à la fin du chemin,
Avec sa main en cage dans ma main.

J'embrasse pêle-mêle ses cheveux
Ébouriffés, sa toque, ses yeux bleus,

Son nez, son petit nez mal aquilin,
Hanté même d'un retroussis malin.

Mon baiser dernier traîne sur sa peau
Que j'érafle des bords de mon chapeau.

Elle s'est reculée, et le brouillard
Nocturne me dérobe son regard,

Et le brouillard putride a corrompu
Le dernier baiser que nous ayons pu.

Par habitude, comme chaque soir
Je lui jette un inutile : « Au revoir ».

Sa main frêle s'envole de ma main,
Nous arrivons à la fin du chemin.

.·.

La brume flotte comme un crêpe dans la nuit.

Elle tapotte sa « tournure » en proue,
Son pouf gonflé, d'un paon qui fait la roue,
Et voilà que, vers la ville, Elle fuit.

Les arbres font des dômes de nuit dans la nuit.

Elle fuit à travers la nuit opaque,
Où sur les feuilles mortes son pas craque.

Une marche funèbre chante dans le vent...

Là-bas ? C'est Elle encor dont parmi l'ombre
Se détache la silhouette sombre.

Des branches grêles cliquetttent aux coups de vent.

Son ombre s'est confondue avec l'ombre,
Et je reste au milieu du froid, devant
Le brouillard qui s'est refermé sur Elle,
Sur ses froufrous de soie et de dentelle,
Sur ses parfums dont se saturait l'air,
Parfums de son mouchoir et de sa chair,
Devant le brouillard refermé sur Elle.

Dans le noir, siffle un train d'un sifflet enrhumé.

Le brouillard s'est fermé comme une tombe
Sur Elle, le brouillard s'est refermé
Et le vent a balayé d'une trombe
Tout cela que j'avais peut-être aimé.

Des tramways cornent tout le long de l'avenue.

Elle part et ne se retourne pas,
Et nous ne reviendrons pas sur nos pas.

Comme des cierges pour une morte inconnue,
Les becs de gaz brûlent au long de l'avenue.
C'est fini. Vers chez elle voilà qu'Elle fuit.
Les arbres font des dômes de nuit sur la nuit
Où chante dans le vent une marche funèbre,
Où plane dans le vent l'horreur de la ténèbre...
La brume flotte comme un crêpe dans la nuit.

JEAN AJALBERT

ÉLOI

« J'exerce depuis quarante ans la profession de
médecin de village. Je ne regrette point de l'avoir
choisie. J'y suis, je crois, quelque peu supérieur;
or, s'il est fâcheux pour un homme d'être au dessus de sa position, le dommage est bien plus grand
quand on est au dessous. Je ne suis pas riche et ne
le serai de ma vie. Mais a-t-on besoin de beaucoup
d'argent pour vivre seul dans un village? Gesmy,
ma petite jument grise, n'a encore que quinze ans ;
elle trotte comme au temps de sa jeunesse, surtout
quand nous pressons le chemin de l'écurie. Je
n'ai pas, comme mes illustres confrères de Paris,
une galerie de tableaux à montrer à mes visiteurs ;
mais j'ai des poiriers comme ils n'en ont pas. Mon
verger est renommé à vingt lieues à la ronde et
l'on vient des châteaux voisins me demander des
greffes. Or, un certain lundi, ils y aura demain juste
un an, comme je m'occupais dans mon jardin à
surveiller mes espaliers, un valet de ferme vint me
prier de passer le plus tôt possible aux Alies.

« Je lui demandai si Jean Blin le fermier des

Alies, avait fait quelque chute la veille au soir en rentrant chez lui. Car, en mon pays, les entorses sévissent le dimanche et il n'est pas rare qu'on s'enfonce ce jour-là deux ou trois côtes en sortant du cabaret. Jean Blin n'est point un mauvais sujet, mais il aime à boire en compagnie et il lui est arrivé plus d'une fois d'attendre dans un fossé bourbeux l'aube du lundi.

« Le domestique de la ferme me répondit que Jean Blin n'était point malade, mais qu'Éloi, le petit gas à Jean Blin, était pris de fièvre.

« Sans plus songer à mes espaliers, j'allai quérir mon bâton et mon chapeau, et je partis à pied pour les Alies, qui sont à vingt minutes de ma maison. Chemin faisant, je pensais au petit gas à Jean Blin qui était pris de fièvre. Son père est un paysan comme tous les paysans, avec cela de particulier que la Pensée qui le créa oublia de lui faire un cerveau. Ce grand diable de Jean Blin a la tête grosse comme le poing. La sagesse divine n'a mis dans ce crâne-là que ce qui était strictement indispensable ; c'est un nécessaire. Sa femme, la plus belle femme du pays, est une ménagère active et criarde, d'épaisse vertu. Eh bien ! à eux deux, ils ont donné un enfant qui est bien le petit être le plus délicat et le plus spirituel qui jamais ait effleuré cette vieille terre. L'hérédité a de ces surprises et il est bien vrai de dire qu'on ne sait pas ce qu'on fait quand on fait un enfant. L'hérédité, dit mon vieux Nysten, est le phénomène biologique qui fait que, outre le type de l'espèce, les ascendants transmettent aux descendants des particularités d'organisation et d'aptitude. J'entends bien. Mais quelles particularités sont transmises et quelles ne le sont point, c'est ce qu'on ne sait guère, même après avoir lu les beaux travaux du docteur Lucas et de M. Ribot. Mon voisin le notaire m'a prêté l'an passé un volume de M. Émile Zola ; et je vis que cet auteur se flatte d'avoir sur ce sujet des lumières spéciales. Voici, dit-il, en substance, un ascendant affecté d'une névrose ; ses descendants seront névropathiques, à moins qu'ils ne le soient pas ; il y en aura de fous et il y en aura de sensés ; un d'eux aura peut-être du génie. Il a même dressé un tableau généalogique pour rendre cette idée plus sensible. A la bonne heure ! La découverte n'est pas bien neuve et celui qui l'a faite aurait tort, sans doute, d'en être bien fier, il n'en est pas moins vrai qu'elle contient sur l'hérédité à peu près tout ce que nous savons. Et voilà comment il se fait qu'Éloi, le petit gas à Jean Blin, est plein d'esprit ! Il a l'imagination qui crée. Je l'ai surpris plus d'une fois quand, n'étant pas plus haut que mon bâton, il faisait l'école buissonnière avec les polissons du village. Pendant qu'ils dénichaient des nids, j'ai vu ce petit bonhomme construire de petits moulins et faire des siphons avec des chalumeaux de paille. Ingénieux et sauvage, il interrogeait la nature ; son maître d'école désespérait de jamais rien faire d'un enfant si distrait, et, de fait, Éloi ne savait pas encore ses lettres à huit ans. Mais, à cet âge, il apprit à lire et à écrire avec une rapidité surprenante, et il devint en six mois le meilleur écolier du village.

« Il en était aussi l'enfant le plus affectueux et le mieux aimant. Je lui donnai quelques leçons de mathématiques et je fus étonné de la fécondité que cet esprit annonçait dès l'enfance. Enfin, je l'avouerai sans craindre qu'on m'en raille car on pardonnera quelque exagération à un vieillard sauvage, je me plaisais à surprendre en ce petit paysan les prémices d'une de ces âmes lumineuses, qui apparaissent à de longs intervalles dans notre sombre humanité et qui, sollicitées par le besoin d'aimer autant que par le zèle de connaître, accomplissent partout où le destin les place, une œuvre utile et belle.

« Ces songeries et d'autres de même nature me conduisirent jusqu'aux Alies. En entrant dans la salle basse, je trouvai le petit Éloi couché dans le grand lit de cotonnade, où ses parents l'avaient transporté, eu égard, sans doute, à la gravité de son état. Il sommeillait ; sa tête, petite et fine, creusait pourtant l'oreiller d'un poids énorme. J'approchai. Le front était brûlant ; il y avait de la rougeur aux conjonctives, la température de tout le corps était très haute. La mère et la grand'mère se tenaient près de lui, anxieuses. Jean Blin, désœuvré dans son inquiétude, ne sachant que faire et n'osant s'en aller, les mains dans les poches, nous regardait les uns après les autres. L'enfant tourna vers moi son visage aminci et me cherchant d'un beau regard douloureux, il répondit à mes questions qu'il avait bien mal au front et dans l'œil, qu'il entendait des bruits qui n'existaient pas, et qu'il me reconnaissait, et que j'étais son vieil ami.

« — Il a des frissons et puis il vient des chaleurs, ajouta sa mère.

« Jean Blin, ayant réfléchi quelques instants, dit :

« — C'est sans doute dans l'intérieur que ça le tient.

« Puis il rentra dans son silence.

« Il ne m'avait été que trop facile de constater les symptômes d'une méningite aigüe. Je prescrivis des révulsifs aux pieds et des sangsues derrière les oreilles. Je m'approchai de nouveau de mon jeune ami et j'essayai de lui dire une bonne parole, une parole meilleure, hélas! que la réalité. Mais il se passa alors en moi un phénomène entièrement nouveau. Bien que j'eusse tout mon sang-froid, je vis le malade comme à travers un voile et si loin de moi qu'il m'apparaissait tout petit, tout petit. Ce trouble dans l'idée de l'espace fut bientôt suivi d'un trouble analogue dans l'idée du temps. Bien que ma visite n'eût pas duré cinq minutes, je m'imaginais que j'étais depuis longtemps dans cette salle basse, devant ce lit de cotonnade blanche, et que les mois, les années, s'écoulaient sans que je fisse un mouvement.

« Par un effort d'esprit qui m'est très naturel, j'analysai sur-le-champ ces impressions singulières et la cause m'en apparut nettement. Elle est bien simple. Éloi m'était cher. De le voir malade si inopinément et gravement « je n'en revenais pas ». C'est le terme populaire et il est juste. Les moments cruels nous paraissent de longs moments. C'est pourquoi j'eus l'impression que les cinq ou six minutes passées auprès d'Éloi avaient quelque chose de quasi-séculaire. Quant à la vision que l'enfant était loin de moi, elle venait de l'idée que j'allais le perdre. Cette idée fixée en moi sans mon consentement, avait pris, dès la première seconde, le caractère d'une absolue certitude.

« Pourtant, le lendemain, Éloi était dans un état moins alarmant. Le mieux persista pendant quelques jours. J'avais envoyé à la ville chercher de la glace ; cette glace fit bon effet. Mais le cinquième jour, je constatai un délire violent. Le malade parlait beaucoup ; parmi les mots sans suite que je lui entendis prononcer, je distinguais aussi : — Le ballon. Le ballon ! Je tiens le gouvernail du ballon. Il monte. Le ciel est noir. Maman, maman, pourquoi ne viens-tu pas avec moi ? Je conduis mon ballon où ce sera si beau ! Viens, on étouffe ici.

« Ce jour là Jean Blin me suivit sur la route. Il se dandinait, de l'air embarrassé d'un homme qui veut dire quelque chose et qui n'ose. Enfin après avoir fait en silence une vingtaine de pas avec moi, il s'arrêta et, me posant la main sur le bras :

« — Voyez-vous, docteur, me dit-il, j'ai l'idée que c'est dans l'intérieur que ça le tient.

« Je poursuivis tristement mon chemin, et, pour la première fois, l'envie de revoir mes poiriers et mes abricotiers ne me fit point hâter le pas. Pour la première fois, après quarante ans de pratique, j'étais troublé dans mon cœur par un de mes malades, et je pleurais en dedans de moi l'enfant que je ne pouvais sauver.

« Une angoisse cruelle vint bientôt s'ajouter à ma douleur. Je craignais que mes soins ne fussent mauvais. Je me surprenais oubliant le jour les prescriptions de la veille, incertain dans mon diagnostic, timide et troublé. Je fis venir un de mes confrères, un homme jeune et habile, qui exerce dans la ville voisine. Quand il vint, le pauvre petit malade, devenu aveugle, était plongé dans un somme profond.

« Il mourut le lendemain.

« Un an s'étant écoulé sur ce malheur, il m'arriva d'être appelé en consultation au chef-lieu. Le fait est singulier. Les causes qui l'ont amené sont bizarres ; mais, comme elles n'ont point d'intérêt, je ne les rapporterai pas ici. Après la consultation, le docteur C***, médecin de la préfecture, me fit l'honneur de me retenir à déjeuner chez lui, avec deux de mes confrères. Après le déjeuner, où je fus réjoui par une conversation solide et variée, nous prîmes le café dans le cabinet du docteur. Comme je m'approchais de la cheminée pour y poser ma tasse vide, j'aperçus, suspendu au cadre de la glace, un portrait dont la vue me causa une si vive émotion, que j'eus peine à retenir un cri. C'était une miniature, un portrait d'enfant. Cet enfant ressemblait d'une manière si frappante à celui que je n'avais pu sauver et auquel je pensais tous les jours, depuis un an, que je ne pus m'empêcher de croire, un moment, que c'était lui-même. Pourtant cette supposition était absurde. Le cadre de bois noir et le cercle d'or qui entouraient la miniature attestaient le goût de la fin du xviiiᵉ siècle et l'enfant était représenté avec une veste rayée de rose et de blanc, comme un petit Louis XVII ; mais le visage était tout à fait le visage du petit Éloi. Même front, volontaire et puissant, un front d'homme sous des boucles de chérubin ; même feu dans les yeux ; même grâce souffrante sur les lèvres ! sur les mêmes traits, enfin, c'était la même expression !

« Il y avait déjà longtemps peut être que j'examinais ce portrait, quand le docteur C***, me frappant sur l'épaule :

« — Cher confrère, me dit il, vous regardez là une relique de famille que je suis fier de posséder. Mon aïeul maternel fut l'ami de l'homme illustre que vous voyez représenté ici tout enfant, et c'est de mon aïeul que cette miniature me vient.

« Je lui demandai s'il voulait bien me dire le nom de cet illustre ami de son aïeul. Alors il décrocha la miniature et me la tendit :

« — Lisez, me dit il, cette date en exergue*** LYON, 1787. Cela ne vous rappelle rien... Non ?... Eh bien ! cet enfant de douze ans, c'est le grand Ampère.

« En ce moment là, j'eus la notion exacte et la mesure certaine de ce que la mort avait détruit un an auparavant dans la ferme des Alies.

ANATOLE FRANCE

L'EMPEREUR CONSTANT

PARAPHRASE

Or il advint que l'Empereur Muselin, qui fut païen, s'en allait une nuit avec un sien chevalier, parmi la cité de Bysance. Et la lune luisait alors claire ; et comme ils passaient devant une maison isolée, ils entendirent les cris d'une femme qui travaillait d'enfant ; ils entendirent aussi, distinctement, — car l'air était paisible — le mari de cette femme lequel priait Dieu dans une chambre haute. L'Empereur resta aux écoutes pendant plusieurs minutes, puis il dit au chevalier :

— Avez-vous entendu ce vilain qui prie son Dieu tantôt que sa femme ne délivre pas, tantôt qu'elle délivre ? Certes il est pire que larron, car tout homme doit avoir pitié des femmes, surtout de celles qui sont en mal d'enfant. Par Tiervagan ! je le ferai pendre s'il ne peut donner la raison de cet acte. Mais allons à lui.

Ils allèrent trouver l'homme, et l'empereur lui parla ainsi :

— Dis-moi la vérité, vilain, pourquoi pries-tu ton

Dieu, tantôt que ta femme ne délivre pas, tantôt qu'elle délivre ? Je veux le savoir.

— Sire, répondit celui-ci, je vous le dirai bien : la vérité est que je suis clerc et sais beaucoup d'une science qu'on appelle astrologie. Je sais le cours des étoiles et des planètes : je voyais bien que, si ma femme délivrait au moment et à l'heure où je priais Dieu qu'il ne la délivrât pas, l'enfant devrait aller à perdition et être inévitablement pendu, ou brûlé, ou noyé ; et quand je voyais qu'il était heure propice et bon point, je priais Dieu qu'il la délivrât. J'ai tant prié Dieu qu'il a exaucé ma prière, par sa miséricorde, et que ma femme a été délivrée en bon point ; Dieu en soit adoré et remercié !

— Or, dis-moi, fit l'empereur, quel est l'avenir réservé à cet enfant ?

— Sire, dit celui-ci, volontiers. Sachez, sire, par la vérité, que l'enfant qui vient de naître ici aura pour femme la fille de l'empereur de cette cité, et qu'il sera empereur et sire de toute la terre.

— Vilain, dit l'empereur, cela n'est point possible !

— Sire, répondit l'homme, c'est la vérité, et il faut qu'il soit ainsi.

— Certes, reprit l'empereur, il est bien risible de croire telle chose !

L'empereur et le chevalier partirent de là ; et l'empereur dit au chevalier :

— Chevalier, allez, et enlevez cet enfant, et faites de manière que personne ne vous voie.

Le chevalier alla et trouva deux matrones tout occupées à soigner l'accouchée. L'enfant était en-

veloppé dans des langes fins et posé sur une cou-
chette de bois de cèdre : promptement le chevalier
l'enleva et le porta à l'empereur qui lui fit fendre le
ventre avec un couteau bien aiguisé, de l'estomac
jusqu'au nombril. Puis il dit :

— Ha! ha! jamais le fils de ce vilain n'aura ma
fille pour femme! Jamais il ne sera empereur après
moi!

Et l'empereur voulut bouter sa main dans le
ventre de l'enfant pour lui arracher le cœur. Mais
le chevalier l'arrêta :

— Oh! sire, pour la grâce de Dieu, que voulez-
vous faire? Cela n'est point digne de vous! Lais-
sez-le à présent, car il est plus que mort; je vais
le porter là-bas, pour qu'il soit jeté dans la mer.

— Oui, dit l'empereur, portez-le, car je le hais
trop.

Le chevalier prit l'enfant et le porta vers la
mer; mais là, il eut pitié de lui, et au lieu de le
noyer il le laissa tout enveloppé dans ses couvertures de soie, sur un fumier devant la porte d'une
abbaye de moines qui chantaient en ce moment
matines.

Quand les moines eurent chanté matines, ils entendirent crier l'enfant et le portèrent au seigneur
abbé qui le trouva beau et dit qu'il le ferait nour-
rir. Il fit ouvrir les couvertures et vit qu'il avait
le ventre fendu de l'estomac jusqu'au nombril.
L'abbé, sitôt le jour venu, manda des chirurgiens :

— Combien voulez-vous pour guérir cet enfant?
Ils demandèrent cent besans.

— C'est trop! répondit l'abbé.

6.

Enfin ils conclurent marché pour quarante besans. L'abbé fit baptiser l'enfant et lui donna le
nom de Constant. Ensuite il lui chercha une bonne
nourrice, pour qu'il eût à s'allaiter abondamment.
Quant aux chirurgiens, ils parvinrent à le guérir
bientôt et complétement, car les chairs qui étaient
molles et tendres se prirent facilement les unes
aux autres; mais la trace de la blessure y parut
toujours.

L'enfant crût vite en force et beauté. Lorsqu'il
eut sept ans, l'abbé le fit mettre à l'école, et là il
apprit si bien qu'il surpassa tous ses compagnons
en subtilité et science. Lorsqu'il eut douze ans, il
fut extrêmement beau, si beau qu'il n'en fallait pas
chercher un plus beau.

Or il advint que l'abbé eut à parler à l'empereur
des torts que ses baillis faisaient à son abbaye : il
envoya un riche présent et demanda audience.
L'empereur accepta bénévolemeut le présent et
fixa audience à l'abbé pour le troisième jour qu'il
serait à un sien château situé à trois lieues de la
cité de Bysance.

Au jour fixé, l'abbé monta à cheval et il s'en fut
au château de l'empereur, accompagné de son cha-
pelain, de son écuyer et de sa gent dont faisait partie le jeune Constant qui était véritablement si
bien taillé que tous louaient sa grande beauté, et
chacun disait qu'il semblait être de haute race et de
bel avenir.

Pendant l'audience Constant fut chargé de garder le chapeau de feutre de l'abbé. L'empereur
remarqua la grande beauté de l'enfant, et dit :

— C'est grand dommage qu'un enfant si beau soit chrétien !

Et l'abbé répondit :

— Sire, c'est grand'joie, car il rendra à Dieu une belle âme !

L'empereur se mit à rire et reprit :

— Les lois chrétiennes ne valent rien, et tout ceux qui y croient sont perdus.

L'abbé fut très affligé en entendant cela, mais il n'osa point répondre comme il l'aurait voulu. Il dit donc, très humblement :

— Sire, s'il plaît à Dieu le tout puissant, ils ne seront pas perdus, car Dieu aura pitié de ses pécheurs.

Alors l'Empereur demanda d'où ce bel enfant était venu. Et l'abbé dit qu'il avait été trouvé, la nuit, sur un fumier devant la porte du couvent. Puis il raconta avec maints détails la miraculeuse histoire de la blessure et de la guérison.

Après avoir écouté cela l'Empereur comprit bien que c'était l'enfant dont il avait fait fendre le ventre. Il fut très contrarié de le savoir sauvé ; mais il dissimula ses sentiments et dit à l'abbé :

— Donnez-moi cet enfant, j'en ferai mon varlet.

— Sire, répondit l'abbé, laissez-moi prendre, auparavant, conseil de mes moines : j'espère qu'ils seront favorables à votre demande.

L'empereur se tut ; et l'abbé prit congé de lui, et s'en vint en son abbaye, et dit à ses moines :

— L'empereur a demandé Constant, pour en faire son varlet ; mais je lui répondis que j'en parlerais à vous. Or, dites ce que vous approuvez !

— Quoi ! sire, s'écrièrent les plus sages du couvent, vous fîtes mal de ne pas le lui donner sitôt qu'il le demanda. Envoyez-le tout de ce pas, qu'il ne se courrouce, car tôt nous pourrions nous en repentir !

L'abbé commanda alors au prieur d'emmener Constant à l'Empereur.

Le prieur dit :

— De par Dieu !

Ils montèrent à cheval et vinrent à l'Empereur et le saluèrent ; et le prieur prit Constant par la main et le donna à l'empereur de par l'abbé et le couvent.

L'empereur fut très courroucé en songeant qu'un tel enfant sans aveu, un tel truand devait avoir sa fille ; et depuis ce moment il ne cessa de se demander par quel moyen il le ferait occire que personne n'en sut mot.

Or il advint que l'Empereur eut à combattre des ennemis qui ravageaient les contrées de son empire. Il partit donc et emmena avec lui Constant.

Quelque temps après il dit à son varlet :

— Constant, voici des lettres qu'il faut porter à mon châtelain de Bysance. Hâtez-vous, car la chose est urgente !

Le varlet prit les lettres qui furent closes, et se mit en route aussitôt. Il portait ainsi sans le savoir l'arrêt de sa propre mort. Car, en vérité, il était mandé dans ces lettres de faire occire immédiatement le messager.

Il était heure de dîner lorsque Constant arriva à Bysance ; il pensa, comme Dieu le voulut, qu'il n'irait point trouver le châtelain tout de suite, mais qu'il attendrait qu'on eût dîné. Il entra donc dans le jardin impérial tout à cheval. La jardin était long et large ; il y avait de beaux arbres fruitiers où des oiseaux voletaient et chantaient, et des fleurs de toutes sortes diapraient les parterres et les haies. On était aux environs de la Saint-Jean, et il faisait grand chaud : le varlet ôta à son cheval le frein, lui relâcha le poitrail et le laissa paître ; puis il se dirigea vers un recoin très attrayant et s'y endormit à l'ombre des branches.

Or il advint que quand la jolie fille de l'Empereur eut mangé, elle vint au jardin avec trois de ses demoiselles d'atour, et elles commencèrent à chasser l'une l'autre ainsi que les jeunes filles s'égayent parfois. La belle princesse courut tant à travers le jardin qu'elle finit par se trouver sous l'arbre où dormait Constant. Il était vermeil comme une rose, et quand la princesse le vit, elle le regarda avec beaucoup de plaisir et elle se dit que jamais elle n'avait vu si belle forme d'homme. Alors, elle appela celle de ses compagnes en qui elle se fiait le plus, et elle fit aller les autres hors du jardin.

La belle princesse prit sa compagne par la main, la mena voir le beau varlet qui dormait et dit :

— Chère compagne, il y a ici un riche trésor. Certes, je vois ici la plus belle personne d'homme que je vis jamais à nul jour de ma vie. Et il apporte des lettres de mon père ; je saurais volontiers ce qu'elles disent.

Les deux jeunes filles s'approchèrent du varlet et lui enlevèrent ses lettres ; et la princesse les lut.

Après cette lecture, elle commença à pleurer, et elle dit à sa compagne :

— Certes, je suis bien malheureuse !

— Ah ! Ma Dame, fit la demoiselle, dites-moi ce que c'est !

— Certes, reprit la princesse, si je pouvais me fier à vous, je serais soulagée un peu.

— Ah ! Ma Dame, hardiment vous pouvez vous fier, car pour rien je ne trahirais vos secrets.

La princesse la fit jurer selon la loi païenne ; puis elle lui dit que les lettres mandaient au châtelain de faire mourir immédiatement le messager.

— Ma Dame, que désirez-vous faire ? demanda la demoiselle.

— Voici, dit la fille de l'Empereur, je remplacerai cette lettre par une autre disant que mon père mande à son châtelain de me donner pour femme à ce beau jeune homme, et de faire célébrer mes noces avec pompe et grande joie.

— Mais, Ma Dame, comment aurez-vous le sceau de votre père ?

— Très facilement, car mon père me laissa, en partant, quatre feuilles de parchemins scellés de son sceau.

— Ma Dame, c'est fort bien, mais hâtez-vous, car le jeune homme pourrait s'éveiller.

La jolie fille de l'Empereur vint à ses coffres, et en tira un des parchemins scellés que son père lui avait laissés pour qu'elle pût emprunter deniers si elle le voulut faire.

Après avoir écrit les lettres comme elle l'avait dit, la princesse revint au jardin avec sa com-

pagne ; et elles trouvèrent le varlet encore dormant.
Et la princesse remplaça les lettres de son père
par les lettres qu'elle venait d'écrire. Et puis les
deux jeunes filles commencèrent à chanter et à
faire du bruit, pour réveiller Constant. Il s'éveilla
assez tôt et fut tout ébahi de voir la belle demoiselle fille de l'Empereur, et sa gente compagne. Et
la princesse laquelle — en vérité — était extrêmement belle et blanche comme sont fleurs de lys, s'a-
vança vers lui et le salua. Et Constant lui rendit
son salut fort débonnairement. Elle lui demanda
qui il était et où il allait ; et il répondit qu'il apportait au châtelain de Bysance des lettres de la
part de l'Empereur.

La princesse le prit par la main et l'emmena au
palais où il y avait beaucoup de gens qui tous se
levèrent à son passage.

Le varlet bailla au châtelain les lettres
qu'il apportait, et lui dit que l'Empereur le
saluait. Alors le châtelain et la princesse se re-
tirèrent en une chambre. Là, elle déploya les
lettres et les lut devant le châtelain et elle fit semblant de s'étonner beaucoup. Et le châtelain lui
dit :

— Ma Dame, il convient faire la volonté de
mon seigneur votre père, car autrement nous en se-
rions trop blâmés.

— Et comment cela pourrait être, répondit la
princesse, que je me marie sans que mon seigneur
mon père soit présent ! Ce serait chose étrange ! Je
ne le ferai en nulle manière.

— Ha ! Ma Dame, s'écria le châtelain, que dites-vous !

Votre père le mande ainsi par ses lettres ; vous ne devez pas désobéir.

— Sire, reprit la princesse à laquelle il tardait que ce fût fait, vous parlerez aux barons et autres dignitaires du royaume et vous en aurez conseil. S'ils approuvent j'obéirai.

— Ma Dame, vous parlez bien et sagement, fit le châtelain.

Puis il convoqua les barons et leur montra les lettres ; et ils s'accordèrent tous à ce que le mandement de l'Empereur fût exécuté.

Alors Constant le beau varlet épousa selon la loi païenne la jolie fille de l'Empereur. Et durèrent les noces quinze jours, et il y eut grande joie à Bysance, et on ne faisait en la cité nulle œuvre fors boire et manger et danser.

L'Empereur demeura longtemps au pays où il était. Et quand il eut accompli sa besogne, il s'en retourna vers Bysance. Et quand il fut à deux journées près, un messager vint à lui. Et l'Empereur lui demanda comment on se conduisait en sa cité. Le messager répondit qu'on y faisait grande fête comme de boire et de manger et d'être à l'aise ; et qu'on n'avait fait œuvre depuis vingt cinq jours.

— Et pourquoi est-ce ? dit l'Empereur.

— Pourquoi, sire ? Ne le savez-vous bien !

— Non vraiment, fit l'Empereur, mais dis-le moi.

— Sire, reprit le messager, vous envoyâtes un beau jeune homme à votre châtelain, et lui mandâtes par vos lettres qu'il lui fît épouser votre fille la belle, — et qu'il était de haute race et digne de la princesse. Mais la princesse ne le voulut prendre avant que le châtelain en eût parlé aux barons. Il en parla à eux tous et montra vos lettres. Et tous dirent qu'il convenait faire votre commandement. Quand votre fille vit que tous s'accordaient, elle n'osa aller encontre : ainsi elle y consentit.

L'Empereur fut tout ébahi en entendant ces paroles. Il demanda au messager s'il y avait longtemps que le varlet avait épousé sa fille et s'il avait couché avec elle.

— Sire, dit le messager, oui et elle peut déjà être grosse ; car il y a plus de trois semaines qu'il l'a épousée.

Tant erra l'Empereur qu'il arriva à Bysance. Là on lui fit fort belle fête, et la princesse sa fille accourut à sa rencontre, ainsi que son mari Constant. Et la belle princesse portait une riche robe de soie, où l'on voyait brodés à fin or des pards et des dragons, des serpents volants et des escramors et bien d'autres bêtes. Et le beau varlet Constant chevauchait un cheval baillet couvert d'un drap de couleur azurée, et dont le frein et les étrivières étaient ornés d'une grande quantité de pierres précieuses.

L'Empereur, qui était sage, les accueillit fort bénévolement, et il posa ses deux mains sur leurs deux têtes, et les y tint longtemps, — et c'est la manière de la bénédiction des païens.

Cette nuit l'Empereur pensa beaucoup à cette merveilleuse aventure : comment cela pourrait être advenu ! Et tant il pensa qu'il comprit enfin que cela avait été fait par sa fille. Il demanda à voir la lettre qu'il avait envoyée, et on la lui montra. Il vit son sceau pendant, et l'écriture qui était bien celle de la princesse sa fille. Alors il se dit à soi-même qu'il avait voulu s'opposer à des choses qui devaient s'accomplir.

Après cela, l'Empereur sacra Constant son nouveau fils, chevalier, et il lui donna et octroya tout son empire après son décès. Constant se conduisit bien et sagement comme bon chevalier et preux et hardi ; et il se défendit avec succès contre les ennemis de l'Empire.

Peu après l'Empereur mourut; et son enterrement fut fait selon la loi païenne, fort richement. Et Constant fut couronné Empereur. Il aima beaucoup et honora l'abbé qui l'avait élevé, et le nomma son directeur.

Et fit l'Empereur Constant, par les conseils de l'abbé et par la volonté de Dieu tout-puissant, sa femme chrétienne ; et tous ceux de son empire furent convertis à la loi de Jésus-Christ.

Telles sont les aventures de l'Empereur Constant, que j'ai contées d'après la très docte et très judicieuse dissertation d'un moine du quinzième siècle.

JEAN MORÉAS

SÉRIEUSE MORIN

Quand elle était haute comme ça, ses parents — un petit employé et une ouvrière — la commettaient à la surveillance des concierges chez qui, le soir, en rentrant, ils la reprenaient.

— Louise a-t-elle été sage ?

— Oui. Et si sérieuse pour son âge !

Le concierge étant tailleur, la petite passait les après-midi à jouer avec les déchets de drap qu'il lui abandonnait. Légers comme des fétus, ses doigts façonnaient l'étoffe, empouponnaient un pouce, esquissaient des prêchi-prêcha d'index, dans l'entre-deux des doigts voisins, figurant des bras.

C'était un jeu peu bruyant, — instructif.

— ... Qui lui formera le goût, disait M. Morin, le père.

L'enfant s'appliquait, coiffait déjà son poing fermé, de ce joli geste que font les jeunes femmes essayant, sur ce *mannequin* informe et vivant, les pièces du trousseau expectant.

C'est leur chair toujours qu'elles habillent.

La mère de Louise était phthisique, s'en allait

souffle par souffle, sans plainte, sans arrêt dans la
tâche quotidienne. Elle appartenait à cette race de
créatures qui ne s'alitent jamais, ont produit la
petite fille de treize ans, quittant l'atelier pour aller
accoucher clandestinement dans les lieux d'ai-
sances et revenant ensuite achever sa journée, au
milieu des ouvrières.

C'est au dernier échelon de l'échelle sociale, —
à moins que ce ne soit qu'au premier, — qu'il faut
chercher cette peur du lit, cette expresse volonté
d'être frappé debout.

La masse moyenne bourgeoise meurt entre les
draps.

Morin voyait tous les jours sa femme vaciller ; et
bien qu'elle ne demandât rien, il croyait devoir,
délicatement, la ramener avec de bonnes paroles,
comme on mouche une mèche qui charbonne, jusqu'à épuisement de combustible.

C'était un honnête employé, ponctuel, méthodi-
que, qu'inquiétait seulement la menace d'un ménage dépeuplé d'habitudes prises, de soins prévus,
de condescendances à terme.

— Une place pour chaque chose ; chaque chose à
sa place, — disait-il volontiers.

Et un frisson le parcourait ; tel l'effleurement
d'un deuil. Elle s'en irait donc, la femme aimée,
utile...

Comme il possédait un choix de sentences, toutes
exhumées d'une édition populaire de la *Clef des
Réalités* :

— Les bons partent, les méchants demeurent,
prononçait-il, remué.

Certes, il n'y avait pas imminence de péril. Morin, cependant, pensa que le devoir d'un homme sage est de se prémunir contre tout événement, litière faite d'arrière-scrupules déplacés. Sa conscience, interviewée par lui-même, d'ailleurs, l'absolvait; et il alla au fond de la question, avec cette large indépendance de jugement qu'on acquiert dans la triture des clauses testamentaires. Il ne fallait pas songer à sauver cette condamnée.

— Mais on peut la prolonger, affirma Morin. Et ses soins dilatoires tendirent vers ce but. On eût dit qu'il avait, en soi, assigné à la phase suprême de la phthisie, une date précise, débattue la mort dans l'âme.

Il eut la bonté obsédante et le dévouement fatigant. Ses yeux, observant sur le visage de la malade l'effet immédiat du baume, demandaient brutalement : Combien de jours gagnés ?

Après la petite Louise, deux enfants, un garçon et une fille, lui étaient nés. Mais à l'ainée seule il accordait une attention agitée, vouait à son éducation les loisirs que lui laissait le bureau. C'était vers le « ménage » qu'il la poussait et quand il parlait de cordes sensibles à faire vibrer, il donnait la vision des ficelles tendues, pour le linge, dans les petites cuisines de pauvres, transformées en séchoirs.

— Je veux faire d'elle une femme, disait-il, sans expliquer autrement son programme.

Doucement, il priait la mère de donner à la petite Louise ses premières leçons «d'intérieur ».

— Elle est à bonne école. Il faut qu'elle supplée à la beauté qu'elle n'a pas, par de solides principes, etc...; épicières considérations, masquant les réels mobiles de cet empressement à soumettre prématurément l'enfant au régime du couvoir domestique.

S'il arrivait que la mère se livrât à quelque travail, tout de suite, Morin appelait dessus les yeux de la petite.

— Regarde bien comment s'y prend ta mère, il faut savoir.

Quelquefois, il exigeait que Louise achevât l'ouvrage commencé par l'agonisante... Et il souriait intérieurement aux qualités de vaque-à-tout, que cette pratique obligatoire développait chez la gamine.

Il lui avait fait longtemps attendre sa première poupée, — et ce fut un frère. Une sœur suivit. L'aînée vécut de longues journées en la compagnie de ces grandes catiches, toutes remuantes ; et la notion de l'initiative lui vint ainsi.

Sa mère absente, Louise essayait sur les petits les gestes qu'elle lui avait vu faire. La manipulation de la vie l'intéressait plutôt que le ressassement des choses mortes du ménage, lui rendait supportable l'abdication de son enfance, à la requête de l'utilité émancipatrice.

Des jours, — les jours où la pourtant vaillante phthisique s'acagnardait, — la petite avait la perception fugace d'une confiance qui la grandissait ; — elle se sentait quelqu'un dans le regard de son père. C'était, sous l'œil du Directeur, le frisson de la *doublure* appelée, après des mois d'études et d'attente, à remplacer le grand premier rôle empêché.

Elle avait dû, — pour tout savoir, — *apprendre* à jouer, mais point à la façon des fillettes de son âge et d'homuncules affétés, se mignardant en de laborieuses singeries.

Avec ses deux poupées, Louise Morin se récréait autrement. Elle leur enseignait le moyen de faire sortir, par la fente en entaille de couteau d'une verte tire-lire, la pièce de monnaie qu'y avait — malignement — introduite le père.

Et dans cette ingénieuse trouvaille du chef de famille, se révélait la combinaison d'un jeu de patience et d'un principe d'économie, combinaison qu'il formulait en cet axiome phébus : le temps, c'est de l'argent.

Les poupées regardaient bouche bée, tout étonnées qu'il ne vînt pas à la grande sœur l'idée de briser la tire-lire. Par là, ils la comprirent supérieure ; et du respect les pénétrait.

Les Morin étaient complimentés. — Vous avez une enfant bien raisonnable, bien douce.

Morin répondait : — Oui, mais il faut qu'elle se *dépêche* de grandir.

Il se disait cela avec une sollicitude inquiète, la peur inavouée d'une prochaine échéance à laquelle l'enfant ne pourrait faire face.

Elle eut beau se dépêcher; sa mère arriva la première. Quand elle mourut, Louise n'avait que douze ans.

Morin fut frappé. — C'est quatre ans trop tôt, s'avoua-t-il. Il aurait cru qu'elle irait jusque là.

— C'est maintenant qu'il va falloir être sérieuse, dit-il, dès le soir de l'enterrement, d'un grand geste

qui ouvrait la succession. Certes, nous n'avons
rien à nous reprocher ; ce ne sont pas les soins qui
ont manqué à ta mère. Tu n'as peut-être pas toute
l'expérience que tu aurais acquise, si elle avait
duré davantage ; et tu dois, cependant, mon enfant,
la remplacer.

Il y avait, en son oraison, une nuance de dépit,
la soudaine rancune qu'on garde à l'ami qui vous
fausse compagnie.

La petite écoutait, attentive, comprenait ce qu'on
attendait d'elle, regardait le logement avec le pli
du front indiquant un effort de mémoire, l'inquiétude de cette adolescence et de cette gracilité, devant la responsabilité fortuite qui leur incombait.

Tout de suite, Morin avait décidé qu'elle ne
retournerait pas à l'école. Elle appartenait aux
enfants et à l'intérieur. Là dessus, une bonne sen-
tence de derrière la conscience : elle en saura toujours assez pour faire une honnête femme.

Le lendemain, la vie continua de couler.

L'employé retourna à son bureau, rentra, le premier soir, avec l'appréhension d'une révolution de
foyer, d'un dîner incuit ou tardif, d'une turbu-
lence de gamins lâchés, d'un fauteuil changé de
place. Point. Le couvert était mis, la chambre était
rangée, la soupe était l'économique purée de vieilles
croûtes des petits ménages. A table, les enfants ba-
vettaient, la serviette nouée à la nuque comme du
temps de *l'autre*.

Morin respira, se sentit léger, le cœur déblayé,
sa douleur de veuf crevant en l'air, dans du soleil,
comme une bulle de savon.

Et il eut ainsi, chaque jour, l'assurance palpable du train-train reconquis. La marmaille était
mouchée ; il ne remarquait pas de trous au linge ;
la mèche de la lampe coupait le coude du verre afin
qu'il n'éclatât pas ; les chemises neuves avaient
leurs boutonnières garnies, en vue de ménager les
ongles ; il retrouvait, sur la toile cirée craquelée,
les deux plats réglementaires ; — et le fromage
était celui qu'il aimait : un brie mucilagineux,
épandu au creux d'une assiette. Tout, tout, tout !...

Au bout d'un mois, Morin obtenait de la petite
qu'elle allât se coucher toujours après lui, mettant
autour de son lit ce mourant frou-frou, ce trot
lassé de la femme lente à se déshabiller, — poussant un verrou, tirant un rideau, plantant une
épingle, glissant, rangeant, virant...

Il s'enfonçait alors entre les draps avec une jouissance neuve, la rare chance d'un homme qui n'aurait du mariage que les ambiances, l'atmosphère, —
non les décevantes corvées. Son orgueil, savamment gratté, lui représentait ce bonheur comme
son œuvre, la réussite d'un plan mijoté.

Quelquefois, la petite s'arrêtait, indécise, une
seconde.

— Tu ne te rappelles donc pas ta mère ?

Elle répondait : — Attends, je cherche...

Elle trouvait ; et Morin, à ces retours d'habitudes
prévus et pourtant souhaités comme choses nouvelles, incertaines, se sentant bien supérieur au
veuf remarié, transformait l'horreur de la comparaison qui s'impose en un raffinement de bien-être
émanant de cette comparaison même, pour lui

simplement imminente, esquivée tout à coup et tournant en reprise à la *Coda.*

Il se laissait féliciter : — Oui, Louise était bien *sérieuse* pour son âge.

Et, dans la maison, ce qualificatif unique, adopté, prénommait maintenant l'enfant. Elle était devenue Sérieuse Morin. Cette appellative étiquette disait à miracle son impersonnalité, son effacement, son rôle de chose utile, aimée pour son confort, les services rendus.

Quand elle partait le matin, accompagnant son frère et sa sœur, guère plus grande qu'eux, on disait : — Voilà Sérieuse qui conduit *ses* enfants à l'école. Elle revenait sans flâner, parlait de *son* ménage. J'ai affaire dans mon ménage.

Cette enfant, qui n'avait pas eu d'enfance et que l'adolescence laissait sans un frisson, traversait les premiers âges placidement, apercevant de la vie ce qu'on voit du paysage, dans un train-éclair.

Elle grandit. Elle ne jouait plus à la tire-lire avec les petits. Morin, savantasse, lui avait démontré qu'en économisant chaque jour un sou, il était possible d'amasser un capital dont la rente serait suffisante pour qu'on en subsistât, dans un âge avancé.

Dès lors, le cuivre ne sortit plus de la tire-lire. Et Sérieuse enseignait gravement le respect de ce Fichet des pauvres, s'effarait à la pensée de l'ancien jeu, comme un directeur de la Banque de France qui aurait donné des leçons d'effraction. Elle vieillit aussi. A seize ans, elle tomba gravement malade. Morin, vraiment désolé, fut parfait. D'abord, sa seconde fille n'avait pas dix ans...

Mais, plus encore que des remèdes, les attentions, ce dévouement veillant à son chevet, plus
que tout cela, l'inquiétude déviée que trahissaient
les petits soins de Morin, sauva sa fille. Il l'avait re-
gardée avec les yeux qu'il ouvrait sur la mère malade. Le même reproche de partir trop tôt, la même
peur de la solitude chez l'homme qui a eu du féminin dans sa vie... Et la voix !... Il disait à la plus
jeune fille de ses filles : aide ta sœur, comme il
avait dit autrefois à Sérieuse : aide ta mère. Sérieuse, oui, elle l'était trop, d'ailleurs, pour s'en
aller ainsi, quand sa présence parmi les siens
était encore nécessaire.

Elle guérit. Mais, en prévision d'une rechute,
Morin voulut qu'elle commençât immédiatement
l'éducation de sa sœur.

A vingt ans, elle fut demandée en mariage. Soucieux, Morin intervint. Était-elle assez forte ?... Un
peu jeune, peut-être...

Et telles étaient ses pensées, qu'il se laissait aller ainsi à formuler tout haut, vis-à-vis de l'aînée,
l'intime jugement qu'il portait sur la cadette.

— Elle n'est pas pressée... Elle n'est pas malheureuse ici. Es-tu malheureuse ?

Elle attendit. Quatre ans après elle épousa douze
cents francs. L'homme, un petit employé de chemin
de fer, la prenait pour ses qualités, ayant besoin
d'une femme *sérieuse* pour administrer le misérable
budget du ménage. Le mariage ne fut pas même un
accident dans sa vie ; il la prolongea, comme une
plaine succède à une autre plaine, en un découra-
geant arpentage de steppes.

Elle ne savait aucun métier. Elle dut travailler, cependant, n'ayant plus d'enfants à élever. Elle emplit de son le taffetas rose des poupées de bazar, et gagna quelquefois, dans sa journée, dix sous. Elle finissait sa vie par où toutes les femmes la commencent. Ses premières poupées avaient une maman de trente ans. Seulement, elle ne leur ouvrait pas le ventre pour voir ce qu'il y a dedans. C'était le contraire...

Dans ce travail même, une ironie mauvaise soufflette ce nom de Sérieuse, qui lui est resté et qu'elle ratifie en garnissant de son un jouet mort. La mise en bière de son enfance !...

L'employé ne s'aperçoit pas que le mal de la mère sape sa femme. Comment s'en apercevrait-il? il dîne tous les soirs; il a du linge, un ménage, propres...

Ce soir, tenez, il rentre, la table l'attend ; la soupe graillonne sur le feu. On vient pourtant d'y plonger la cuiller, encore plantée dedans... Mais la femme est morte — par terre.

Il reçoit le coup en pleine poitrine et, comme en les horribles secondes d'une chute vertigineuse, il revoit soudainement toute sa vie — depuis qu'ils sont ensemble... Il se sent extraordinairement lâche devant le désordre des choses qu'une main familière ne rangera plus ; devant les habitudes dénouées, devant son inharmonique situation de veuf.

Il se fâcherait presque contre ce corps, qui lui aussi n'est pas à sa place, en travers de la cheminée!..

— Une place pour chaque chose... prêche Morin, accouru.

Mais le gendre se retourne, irrité. Il sait le passé de sa femme, — et que ce père la lui a usée.

Et sans doute, à cet instant, il lui voue la rancune moyenne qu'on garde au fabricant ayant garanti tant d'années une montre qui vient de s'arrêter net — pour toujours !

LUCIEN DESCAVES

LES LAURIERS SONT COUPÉS [1]

VI

La rue, noire, et du gaz la double ligne montante,
décroissante ; la rue sans passants ; le pavé sonore,
blanc sous la blancheur du ciel clair et de la lune ; au
fond, la lune, dans le ciel ; le quartier allongé de la
lune blanche, blanc ; et de chaque côté, les éternelles
maisons ; muettes, grandes, en hautes fenêtres noircies,
en portes fermées de fer, les maisons ; dans ces maisons,
des gens ? non, le silence ; je vais seul, au long des
maisons, silencieusement ; je marche ; je vais ; à gauche, la rue de Naples ; des murs de jardin ; le sombre
des feuilles surnageant au gris des murs ; là-bas, tout
au là-bas, une plus grande clarté, le boulevard Males-
herbes, des feux rouges et jaunes, des voitures, des voitures et de fiers chevaux ; immobilement, au travers des
rues, dans le calme immobile de courantes voitures,
c'est les courses entre les trottoirs où courent les foules ;
ici les bâtisses d'une maison neuve, ces échaffaudages
ternes, plâtreux ; on aperçoit mal les pierres nouvel-
lement posées, qui s'échaffaudent ; parmi ces mats je
voudrais monter, vers ce toit si lointain ; de là lointai-
nement doit s'étendre Paris et ses bruits ; un homme

(1) Voir *la Revue Indépendante*, 7 et 8.

descend la rue ; un ouvrier ; le voici ; quelle solitude,
quelle triste solitude, loin des mouvements et de la vie ;
et la rue se termine ; maintenant la rue Monceau ; encore
ces hautes maisons, majestueuses, et le gaz y jetant sa
lumière jaune ; quoi dans cette porte ?... ah, un homme ;
le concierge de cette maison ; il fume sa pipe ; il regarde les passants ; personne ne passe ; moi seul ; ce
gros vieux concierge, que fait-il à regarder la solitude ?
me voici dans l'autre rue ; brusquement elle se rapetisse,
elle devient tout étroite ; de vieilles maisons, des murs
en chaux ; sur le trottoir, des enfants, des gamins, assis
par terre, taciturnes ; et la rue du Rocher, et, ainsi, les
boulevards ; des clartés là, des bruits ; là des mouvements ; les rangées de gaz, à droite, à gauche ; et obli-
quement, de gauche, une voiture parmi les arbres ; un
groupe d'ouvriers ; la corne du tramway chargé de gens,
deux chiens derrière ; tout en les maisons, des fenêtres
éclairées ; ce café en face, ses rideaux blancs lumineux ;
le tapage, au près de moi, d'un omnibus ; une jeune
fille en un vêtement bleu sombre, un visage rose ; la
foule ; le boulevard ; je vais traverser cet espace, aller
là ; parmi ces gens je vais être ; alors je vais être moi
là-bas, moi le même, le même encore, là et non plus
ici, moi toujours, je serai ; haut et en devant, la butte ;
des clartés sous le ciel clair ; à droite, le long mur, le
mur du réservoir ; je ne connais aucun de ces venants ;
me voient-ils ? quel me croient-ils ? des cris d'enfants
qui jouent ; des roues lourdes sur les pavés ; des chevaux
lents ; des marches ; dans les arbres plus denses le ciel
obscurci ; mes pas sur l'asphalte monotonement ; un
chant d'orgue-de-Barbarie, un air à danser, une sorte
de valse, le rhythme d'une valse lente ... 🎵 ... 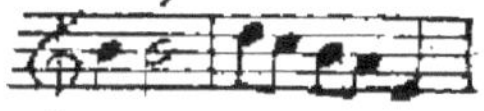
où est l'orgue-de-Barbarie ? derrière, quelque part, sa
voix criarde et douce... « j' t' aim' mieux qu' mes din-
» dons »... un chant qui va et recommence, un même

chant... 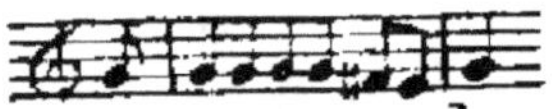 ... le calme d'une voix qui naît,
sous un paysage calme, dans un calme cœur amoureux,
et le désir très contenu d'une naissante voix ; et la voix
répondante, équivalente et plus haute, ascendante, calme
et tenue, ascendante en le désir ; et encore elle qui
s'élève ; la croissance du désir ; sous le toujours naïf
site et dans ces naïfs cœurs, l'ascendance monotone,
alternée, calme, d'un très doux angoissement ; le simple
doux chant qui s'enfle, et le simple rhythme ; entre les
feuillages frais, parmi la sourdine des bruits quelcon-
ques, voix grêle, s'enfle le chant criard et doux, la monotone litanie, le fixe rhythme des lentes danses ; et
surgit l'amour... dans les champs purs, plus que je ne
les aime, les champs, je t'aime, amie ; voici les beaux
champs pâles et les disséminés errants troupeaux ; plus
je t'aime ; ils sont beaux, les troupeaux, dans les feuillages frais, quand ils bêlent, les troupeaux et les troupes
des bêtes chères ; plus je t'aime ; ils sont chers, mes
champs rêvés ; mais plus je t'aime, mon amie, en tes
yeux clairs ; les lignes des lumières vont s'allongeant,
les troncs des arbres ; plus je t'aime en tes chansons ;
c'est des rivières avec des ombres, un ciel de soir, des
bruits lointains ; et la voix pleurante est plus lointaine ;
s'éloigne la voix simple et le rhythme ; s'efface le chant
religieux ; des chants pourtant, des chants encore, et
plus je t'aime... des paysages frais et nocturnes, les
arbres successivement rangés, et les pas des passants ;
à l'entour, des roulements ; des paroles, des teintes
énombrées, un air tiède, plus frais ; dans le bois qui
longe les monts j'irai, près les prairies, sous les sapins,
en l'été ; ce sera la très précieuse chaleur des nuits
aimées ; nous serons tous en ces pays ; oh l'admirable
temps, loin de Paris, durant ces semaines nombreuses !
et quand ces jours ?... les bruits se font plus forts ; c'est
la place ; dépêchons ; sans cesse, des longs murs tristes;

sur l'asphalte une ombre plus épaisse ; à présent des filles, trois filles qui parlent entre elles ; elles ne me remarquent pas ; une très jeune, frêle, aux yeux éhontés, et quelles lèvres ; elles seraient, ces obcènes lèvres, sous la complicité impérieuse des yeux, combien savantes aux perverses jouissances ! et cette fille, ainsi est-ce donc ? en une chambre nue, vague, haute, nue et grise, sous un jour fumeux de chandelle, avec un assourdis‧sement des tumultes de la rue grouillante ; ce serait une haute chambre étroite, oui, le grabat, la chaise, la table, les murs gris, et l'agenouillement de la bête parmi le lit ; alors ces yeux, et les lèvres luxurieuses, mon‧tantes et remontantes, tandis qu'elle geint, et qui halè‧tent ; la voici, cette fille, qui parle ; les trois, sur le trottoir, oublieuses des promeneurs ; moi, demain, j'ai le cours, l'ennuyeuse école, et dans trois mois l'examen ; je serai reçu ; adieu lors la franchise de tous les jours, mais la charge d'un emploi ; allons ; maintenant partout des filles ; le café ; des jeunes gens entrent ; un monsieur qui ressemble à mon tailleur ; si je me rencontrais à quelque ami ; mieux certes, mieux être seul, marcher par un bon soir très librement, sans but, en des rues ; l'ombre des feuillages ondoie sur l'asphalte, un air frais court, les trottoirs très secs et blancs luisent ; une bande de jeunes filles là-bas, droites, très hautes, minces et de façons séduisantes ; là, des enfants ; les façades scintil‧lent ; la lune a disparu ; c'est, tout au tour, un bruisse‧ment ; quoi ? des sons confus, épars, unis, un bruisse‧ment... bravo l'avril ! oh, le beau, le beau soir, ainsi très libre, sans pensées, ainsi très seul.

VII

Mais je suis arrivé rue Stévens, devant la maison de Léa ; c'est bien le vestibule, bien l'escalier ; l'escalier tournant ; enfin le second étage ; là est-elle? oui certes là ; sonnons ; mes bottines sont propres, ma cravate droite, mes moustaches convenablement relevées ; j'ai beaucoup de choses à lui dire, beaucoup de choses qu'il faut que je lui dise ; elle vient évidemment de rentrer ; elle aura sa robe de cachemire noir ; je suis sot à ne pas sonner ; si elle me voyait ; je sonne ; des pas à l'intérieur ; la porte s'ouvre ; c'est Marie.

— « Mademoiselle d'Arsay est chez elle ? »

— « Oui, monsieur, entrez. »

— « Je vais dire à mademoiselle que vous êtes ici. »

Elle est gentille, Marie. Ah, ce petit salon, ce cher petit salon de ma chère Léa ; mettons-nous en ce fauteuil, près la fenêtre ; que joli est l'agencement de ces fleurs ! voilà le bouquet de lilas que je lui ai envoyé ; la glace, dans des étoffes ; tout est en règle dans ma toilette ; je suis assez présentable ; pas trop mal, ma foi ; Léa aime aux hommes les cheveux courts, comme je les ai, et qu'ils soient bruns... Léa...

— « Bonjour » de sa fine voix.

Et son sourire savamment féminin, ses yeux gentiment moqueurs, son sourire d'une fée ; bonjour, de sa fine délicieuse voix ; et ses cheveux voltigeant sur son front ; c'est elle, la jolie Léa ; non, je ne dois pas baiser sa main ; je serais ridicule ; saluons la simplement.

— « Mon amie, comment allez-vous ? »

— « Très bien. »

Elle a sa robe de satin noir. Nous nous asseyons sur
le divan, elle à gauche ; elle s'est renversée sur les coussins, elle me regarde ; elle est aimable ce soir.

— « Eh bien » me demande-t-elle « que me direz-
» vous ? »

Je n'ai rien à lui dire ; si ; pourquoi m'a-t-elle écrit
que je n'aille pas au théâtre.

— « C'est bien dommage que je n'aie pu vous cher-
» cher au théâtre. »

— « Il n'y avait pas moyen ; après la pièce je devais
» parler au directeur, et des fois on le voit tout de suite,
» d'autres on l'attend toute la soirée ; il ne se gêne pas
» pour venir à des neuf, dix heures. »

N'insistons pas ; certainement elle invente cette histoire.

— « Vous avez attendu longtemps aujourdhui ? »

— « Assez longtemps ; je ne suis rentrée que depuis
» dix minutes ; à ma sortie de scène j'ai été à la direc-
» tion ; il y avait Blanche Fannie ; elle voulait voir le
» directeur avant d'aller s'habiller ; vous savez qu'elle
» ne paraît qu'au second acte ; ce que nous nous
» sommes ennuyées dans ce trou ! il y a juste la place
» de deux chaises ; Blanche à elle seule emplissait
» toute la place ; c'est effrayant combien elle est grosse. »

— « Je ne comprends pas qu'on lui fasse encore jouer
» des travestis ; elle n'est plus jeune. »

— « Elle n'est pas vieille ; quel âge croyez-vous
» qu'elle ait ? »

— « Hou... »

— « Il ne faut pas croire qu'elle soit bien vieille ;
» voyons ; combien a-t-elle ? quarante ans ? »

Qu'elle est drôle, Léa, de ses vingt ans, de ses airs
enfantinement sérieux de petite demoiselle coquette !

— « Nous allons, « lui dis-je » faire une promenade,
» n'est-ce pas ? »

— « Ah, je suis fatiguée ; je n'en puis plus ; j'ai envie
» de dormir. »

— « Qu'est-ce donc que vous avez ? »

— « Je suis fatiguée. »

— « Vous vous êtes énervée à attendre au théâtre. »

— « Oh, ce n'est pas cela. »

— « Vous êtes restée là, sur une chaise, vous qui
» êtes toujours en l'air ; vous ne pouvez vous fixer un
» moment en place. »

— « Très bien ; moquez-vous de moi ; quand voilà
» un quart d'heure que je n'ai pas bougé d'ici. »

Je la taquine.

— « Immobile ou non, vous êtes toujours adorable. »

— « Ah... charmant... »

Elle n'apprécie jamais mes traits d'esprit ; pas moyen
de plaisanter avec les femmes ; que dire alors ? Elle se
lève ; lentement elle va à la fenêtre ; et ondule son frêle
corps bien potelé ; dans son cou les brins blonds de ses
cheveux ; elle écarte les rideaux : elle regarde dehors.
Que mollement on est sur ce divan ! et, tout à l'alen-
tour, la clarté apâlie des murs blancs et des glaces.
Elle :

— « Il fait un beau temps ce soir ; cela me remettrait
» peut-être, sortir un peu... »

— « Voulez-vous ? »

La voilà maintenant qui consent ; n'ayons pourtant
pas l'air de triompher ; elle s'assied sur le bord du piano ;
nous nous taisons. Au restaurant, ce soir, l'étrange
homme, cette espèce d'avoué. Léa feuillette un paquet
de musique, d'une main, sur le piano ; il faut que je
parle ; elle va s'ennuyer, tellement elle a la peur qu'on
demeure bouches closes ; il faut que je parle, absolument. Nous voilà l'un en face de l'autre ; cela ne peut
durer ; je serais ridicule. Ah, ses histoires avec son hor-
rible mère...

— « Vous êtes-vous un peu arrangée avec votre
» mère ? »

— « Pas du tout. »

Elle semble ne vouloir pas parler de ces choses ; j'ai
eu tort de les amener ; alors quoi lui dire ? -

— « Il est impossible » elle reprend « qu'on s'arrange
» avec elle ; elle voudrait que je suive tous ses caprices ;
» vous comprenez que c'est une vie insupportable. »

— « Pourquoi la supportez-vous ? »

— « Parce que je ne puis pas faire autrement. »

— « Comment ? si votre mère vous ennuie, dites-
» lui... »

— « Oui ! elle ferait un beau tapage. »

— « Enfin, vous êtes chez vous. »

— « Eh non, je ne suis pas chez moi ; voilà le mal-
» heur ; l'appartement est loué à son nom ; les meubles,
» tout est à elle. Et c'est moi qui paie tout. »

Contre le piano elle se penche. Je me doutais que
l'appartement était à sa mère ; qu'y faire ? rien. En
une nonchalante marche, la voici vers ce divan ; sur le
divan elle se met ; ses robes s'étendent ; sur les coussins sa jolie tête attristée ; au dessus de sa tête elle lève
ses bras.

— « Ah, quelle existence, quelle existence ! des envies
» me prennent de tout lâcher. »

— « Que dites-vous, mon amie ? »

— « Je serais plus heureuse à garder des dindons en
» Bretagne. Si mon père savait que je suis au théâtre ! »

— « Vous voulez aller en Bretagne garder des din-
» dons ? »

— « Je n'aurais plus à me tourmenter ; je retrouverais
» la famille de mon père ; vous ne vous doutez pas
» quelle vie j'ai. »

Je vais vers elle ; au près d'elle je m'assieds ; je prends
sa main.

— « Ma pauvre chérie, voulez-vous ne pas parler
» ainsi ; en voilà des idées ; vous savez bien que je vous
» aime pour de bon ; pourquoi n'acceptez-vous pas que
» je vous emmène, que nous soyons ensemble; dites. »

— « Allons » tristement et gentiment elle me répond,
« allons, êtes-vous fou ? »

— « Et en quoi, mon amie ? »

Dans ses yeux je la regarde ; elle est appuyée aux
coussins ; les lumières des bougies éclairent nos visages ;
gentiment, tristement, elle est étendue, pâle ; je la regarde ; je tiens ses mains. Elle, souriante :

— « C'est extraordinaire comme vous avez les cils
» longs. »

Souriante toujours, elle me regarde, immobilement.

— « Vous êtes une bien malheureuse petite femme. »
Elle ferme ses yeux.

— « Ah, comme je voudrais être débarrassée de tout !
» s'il y avait un moyen d'en finir, d'un seul coup, sans
» souffrir, quelque chose instantanée ; s'endormir tout-à-
» fait, puisqu'il n'y a qu'en dormant qu'on soit heureux.»

Que lui dire ? je ne puis pas rire, ni la prendre trop
au sérieux ; c'est embarrassant. Près moi elle est, mi
étendue, immobile, en une vague somnolence.

— « Eh bien, mademoiselle, faites dodo. »

Dans mes mains je serre ses bras ; elle a toujours ses
yeux fermés ; j'attire doucement ses bras ; elle se laisse ;
en arrière penche sa fine tête, ah, sa méchante traîtresse
tête qui de moi si effrontément se joue ! et là je l'ai ;
doucement sur les coussins je me renverse, et contre moi
j'attire sa poitrine ; sa poitrine est contre ma poitrine ;
sa tête est sur mon épaule ; de mes deux mains j'en-
toure sa taille ; elle repose au contre de moi ; ainsi entre mes bras, elle repose ; sur ma joue, sur mon cou,
quelque chose, oui, ses cheveux, qui voltigent ; immobile elle est ; tout au long de mon corps, son corps ; je

sens elle ; mollement je serre les molles hanches très soyeuses de sa poitrine.

— « Dodo, mademoiselle. »

Et elle, très bas, yeux clos toujours, et d'un léger souffle, très bas :

— « Oui. »

La très pauvre, très charmante, très tendre, elle se laisse en l'enlacement de mes bras ; elle repose contre moi son cher corps ; elle est étendue, en sa robe, d'où frêlement monte sa tête ; et voilà cette poitrine, ces seins, voilà ces bras, ronds et s'atténuant, et, fluettes, les mains ; voilà ce cou, blanc dans le noir du corsage, et dans le blanc du cou les fins épars cheveux dorés ; la mince taille, et les larges hanches, en l'étreinte des noirs satins ; là le bout mignon de son pied ; et lentement le corsage se soulève, de son haleine, en longues régulières exhaussions, en gonflements ; du corsage les boutons tremblottent ; faiblement sur la gorge ondoie le flot de dentelles noires ; un reflet plus brillant, des bougies, se meut sur le sein gauche ; et la féminine vie marche et marche en cet incessant mouvement les deux mamelles adorables ; son corps, tout immobile, a comme des ondoîments, imperceptiblement ; et les chairs, tout lucides, sont rondes ; des rondeurs, comme des virginités, ténues ; les bras arrondis, la poitrine mouvante, et ton cou, ta mince taille, tes hautes hanches s'arrondissent, en des contours immarqués, suprême grâce des chairs délicatement amollies et des formes effacées fuyeusement ; cependant que repose la juvénile face, et que des lèvres entrefermées monte un souffle... Véritablement dort-elle, la douce fille ? elle dort, certes, l'enfant ; elle s'est endormie, et d'un très amical sommeil oh voilà qu'elle dort ; voilà qu'elle repose, oublieuse, mon amie, et qu'ainsi, fille, enfant, elle dort ; entre mes bras pieux. Les bougies sur la cheminée brûlent ;

leurs flammes montent blondes en pâlissant, bleuâtres,
plus claires ; autour, le vague ombreux des feuillages sombres, et le vague confus des porcelaines peintes, et, derrière, le clair vague de la glace et des reflets pacifiés ; le délicieux bal où je fus cet hiver, en le salon plein de fleurs et
de feuillages, discrètement illuminé, quand passèrent ces
deux jeunes filles, blanches Anglaises ! ici le tiède énom-
brement des choses, et ma sainte amie, mienne ; une
chaleur, peu à peu, de son corps immobile ; au long de
son corps, en mon corps, tout en ce long qu'elle effleure, une chaleur croît ; pourquoi ne veut-elle point, si elle
est malheureuse de sa vie, la changer, et avec moi
vivre ? que doucement tiède est cette chaleur, et de son
corps quel parfum monte ! ce parfum, quel est-il ?
un mélange de parfums ; si subtil et qui pénètre ; elle-même
a mélangé ces essences ; et ce parfum monte de toute sa
chair, il monte de ses vêtements, il les traverse, et s'is-
sut de son corps vêtu ; et de ses cheveux ensemble
noués l'halcine s'épand ; aussi de ses lèvres ; aussi, prin-
cièrement, de ses lèvres (oh les moqueuses charmeresses)
s'expire l'odorante exhalaison ; baiserai-je ces lèvres, de
mes lèvres les aspirerais-je ? elle dort, la pauvre, entre
mes bras amis ; et des parfums d'elle je me grise ; ce
parfum mêlé, subtil, intime, dont elle a parfumé son
corps, c'est qu'il se mêle au parfum même de son corps,
et c'est lui, son corporel parfum, en l'admirable inten-
sité des essences de fleurs conjointes ; l'odeur, oui, vic-
torieuse en cette haleine ; de sa féminéité l'odeur, en ces
bouffées ; elle ; et le profond mystère de son sexe dans
l'amour ; luxurieusement, oh démonialement, quand
sous la maîtrise virile les puissances de chair se déli-
vrent, en le baiser, ainsi l'âcre et terrible et pâlissante
fumée d'elle ; ah mourir de cette joie !... Elle remue sa
tête, se tourne un peu ; l'ai-je serrée trop fortement ;
quelle excitation avais-je ? elle me parle, mi dormante :

— « Qu'avez-vous? ah, je suis lasse... quelle heure est-il ?
— « Pas tard encore, demeurez. »

La voilà immobile, si finement jolie, si jeunement,
et coquette; oh, la triste existence qu'est la sienne; à
celui qui l'aime, quel amour faut, pour lui dulcifier les
amertumes! pauvre qui va, elle de vingt ans, livrée aux
mauvaises heures... ensemble, au contraire, ainsi dormir, en un oubli; les deux, ensemble, elle en la sûreté
de ma foi, moi dans son charme; et parmi les choses
qui sont, communément, les deux, joyeusement... nous
irons ce soir ainsi, au dehors, sous des ombrages,
pendant de lointaines musiques... « tu m'aimes » —
« et toi tu m'aimes »... oui, ne disons plus « je t'aime »,
mais nos confessions « tu m'aimes » et « tu m'aimes »
et baisons-nous... elle dort; moi je sens que je m'endors;
j'entreferme mes yeux... voilà son corps; sa poitrine qui
monte et monte; et le très doux parfum mêlé... la belle
nuit d'avril... tout-à-l'heure nous nous promènerons...
l'air frais... nous allons partir... tout-à-l'heure... les deux
bougies... là... au cours des boulevards.. « j't'aim'
mieux qu'mes moutons »... j't'aim'mieux... cette fille,
yeux éhontés, frêle, aux lèvres... la chambre... la cheminée haute... la salle... mon père... les trois assis,
mon père, ma mère... moi-même... pourquoi ma mère
ainsi pâle ?... elle me regarde... nous allons dîner, oui,
sous le bosquet... la bonne... apportez la table... Léa...
elle dresse la table... mon père... le concierge... une lettre... une lettre d'elle ? ... merci... un ondoîment, une
rumeur, un lever de cieux... et vous, à jamais l'unique,
la Primitive-aimée... Antonia... tout scintille... vous
riez-vous ?... les becs de gaz infiniment... oh... la nuit...
froide et glacée, la nuit.......... Ah !!! mille épouvante-
ments !!! quoi ?... quoi me pousse, m'arrache, me tue ?...
rien... un rire... la chambre... et cette femme... Léa...
Sapristi, m'étais-je endormi ?...

8

— « Félicitations, mon cher... » C'est Léa... « Eh bien,
» comment avez-vous dormi? » C'est Léa, debout, et qui
rit.. « Vous sentez-vous un peu mieux ? »

— « Et vous, ma chère amie ? »

Elle se tourne, riant ; je ris ; elle marche dans le
salon...Évidemment, elle s'est éveillée tout-à-l'heure,elle
m'a vu assoupi, elle s'est brusquement tirée d'auprès
de moi... Ne suis-je pas bien ridicule? que faire ? que
pense-t-elle ? je me lève et vais m'asseoir sur le tabou-
ret du piano; elle regarde, en face de moi, dans la glace ;
gaie, elle parle.

— « Vous ne vous êtes donc pas couché hier? »

— « Il me semble que oui, mademoiselle, et encore
» que j'ai convenablement dormi. Votre charme, il y a
» un instant, m'avait hypnotisé... »

— « Nous allons sortir, voulez-vous ? il fait un temps
» superbe ; nous irons une heure en voiture aux Champs-
» élysées ; cela vous va? »

— « Cela me remplit de joie. »

— « Et j'espère que vous ne dormirez pas. »

— « Non ; vous me conterez des histoires. »

— « Parfaitement ; je vous amuserai ; vous me direz
» le programme. »

— « Ne soyez pas méchante. »

Dieu sait si certains jours elle a besoin pour parler
d'être priée.

— « Je vais mettre mon chapeau. »

Elle s'avance de mon côté ; elle sourit, et je vois ses
dents blanches ; ses yeux brillent, un peu moites ; ses
lèvres sont tout roses, entrefermées, tout roses avec un
très petit triangle, où les blanches dents ; oh le bel air
mélancolique que vous avez, mademoiselle ; les blanches
et rosées fossettes de vos joues ; votre front en une mé-
lancolie gracieuse incliné ; et là vos grands yeux qui
me regardent.

— « Ma pauvre chère amie, comme je voudrais que
» vous soyez contente ! »

A moi j'amène ses bras, sur mon cou sa tête, sa
chevelure ; au tour de sa taille mes bras ; sans qu'elle
l'aperçoive, je baise ses cheveux, sans qu'elle l'aperçoive ; et ainsi l'on est heureux ; elle est douce, mon
aimée, elle est belle et elle est tendre ; elle est bonne,
mon amoureuse, et que l'aimer est enchanteur !... Elle
relève sa tête ; l'air étonné, elle me considère, l'air
attentif ; elle lève sa main ; signe que je me taise ;
quoi ? elle écoute ; gentiment elle me demande :

— « Qu'est-ce que vous avez ? »

— « Quoi donc ? »

— « Êtes-vous souffrant ? »

— « Mais non... »

— « Vous avez des palpitations de cœur ? »

Elle met sa main sur ma poitrine, à gauche ; elle
écoute ; en effet, le cœur me bat plus fortement.

— « Bien sûr ? » demande-t-elle encore.

— « Non : ce n'est rien ; je vous jure ; je vous ai là ;
» alors... »

Et elle, doucement :

— « Vous êtes un enfant. »

Si doucement elle me dit cela « vous êtes un enfant » ;
d'une si apaisée voix elle me dit cela et d'une voix si
vraie ; elle a ses souriants yeux faits sérieux, tandis
qu'elle me dit cela « vous êtes un enfant » ; et d'un si profond cœur, si féminine et si profonde, elle me dit cela
que je suis un enfant, et s'éloigne, et s'éloigne, belle et
charmante.

— « Un peu attendez-moi, mon ami. »

A la porte elle est ; je réponds « oui » ; elle passe la porte.

— « Je mets mon chapeau et je reviens. »

La porte est laissée à demi entrouverte ; je m'assieds ; j'attends ; je m'occupe à attendre, à l'attendre.

— « Je vais dire à Marie » elle parle « qu'elle aille
» nous chercher une voiture... Marie ! »

— « Voulez-vous que j'y aille moi-même ? »

— « Non ; Marie ira. »

Dans la chambre elle parle à Marie ; que lui dit-elle ?
je n'entends pas ; et ici je ne fais rien ; je n'ai rien à
faire ; demain je déjeune avec De Rivare, à onze heures ;
dans un café des boulevards sans doute ; quand on s'est
couché tard, c'est par fois assez difficile qu'être à
onze heures ou dix heures et demie en un rendez-vous ;
le meilleur moyen de se lever tôt sûrement serait à ne
pas coucher chez soi ; ici, par exemple ; car, en somme,
pourquoi suis-je ici ?...

— « Me voilà. »

Léa, sur la porte, coiffée de son chapeau à velours
rouges ; gravement, pour rire ; aussi je m'incline ; elle
me répond en une révérence ; dehors, le roulement
d'une voiture.

— « La voiture » dit-elle « descendons ».

— « Vous n'oubliez rien, Léa ? »

— « Non ; voici mon manteau. »

— « Donnez... Merci. »

— « Allons. »

Nous sortons ; sur mon bras le manteau fourré, moel-
leux, chaud.

— « Et vos gants ? vous n'en avez qu'un ».

— « Ah ! j'oubliais le second ; il est sur le piano ;
» prenez-le. »

J'étais bien sûr qu'elle oublierait quelque chose ;
je le lui avais dit.

— « Voici. »

Marie qui rentre.

— « La voiture est en bas, mademoiselle. »

— « Je rentrerai dans une heure ; faites un peu de
» feu, dans la chambre. »

— « Bonsoir, Marie » dis-je à Marie.

Il faut soigneusement dire bonsoir à Marie ; Léa descend ; en touffes le satin noir de sa robe est relevé ; elle descend ; je la suis ; à chacun de ses pas ses épaules dans le satin ont un rejet en arrière ; sur sa tête la rouge plume du chapeau se penche, se relève, se penche ; très droite descend la jeune femme ; lentement à sa main gauche boutonnant le long gant noir ; à chaque marche d'un pas égal, elle descend, droite également ; et c'est la rue, une clarté pâle et rougeâtre ; et la voiture, une masse noire obstruant à la lumière.

— « Ne craignez-vous pas » dis-je « le froid d'une voiture découverte ? »

— « Non ; le temps est beau. »

— « Vous montez ?... »

Elle monte ; je monte.

— « Prenez garde de vous asseoir sur ma robe. »

Certes, ce me vaudrait une rancune durable.

— « Nous allons du coté de l'Arc-de-l'étoile ? »

— « Oui. »

— « Cocher, suivez les boulevards jusqu'à l'Arc-de-l'étoile. »

Je m'assieds ; la voiture se meut ; voilà Léa sérieuse et grave comme une marquise du Théâtre français.

(à finir)

ÉDOUARD DUJARDIN

ERRATUM. — Dans le dernier numéro de la Revue, page 472 (tome III), les deux premières lignes du chapitre IV de les Lauriers sont coupés doivent être supprimées, depuis « Le vestibule » jusqu'à « accepté » ; ce chapitre commence donc à « Monsieur ».

*L'une des trois pages de vers de
M. Émile Verhaeren qui ont été publiées dans le dernier numéro de
la* Revue Indépendante, *venait de
paraître dans un autre périodique.*

La direction de la Revue Indépendante, *dont la bonne foi a été surprise, prie ses lecteurs d'excuser
cette infraction à la règle qu'elle
s'est imposée de ne publier que des
œuvres absolument inédites.*

La Revue Indépendante a acquis la propriété

de la collection

DE

LA VOGUE

La Vogue, revue hebdomadaire de 36 pages in-18,

dirigée par M. Gustave KAHN,

a paru du 4 avril au 27 décembre 1886 (34 numéros)

et forme **trois tomes** de chacun 400 pages environ.

———

Prix de chaque tome : 6 fr. ; les trois tomes : 18 fr.

Envoi franco

———

La **Vogue** a publié des articles de MM. **Paul Adam,**
Jean **Ajalbert, Félix Fénéon, Charles Henry,**
Gustave Kahn, Jules Laforgue, Jean Moréas,
Arthur Rimbaud, Paul Verlaine, etc., et des œuvres
inédites de **Casanova, Monconys, Peletier,** etc.

La Revue Indépendante a également acquis la plupart des plaquettes publiées par *la Vogue* :

Les Illuminations, d'Arthur Rimbaud.

Le Concile Féerique, de Jules Laforgue.

Les Impressionnistes en 1886, de Félix Fénéon.

Notes sur Mallarmé, de Teodor de Wyzewa.

(Voir les prix aux annonces)

Le Revue Indépendante possède encore quelques exemplaires de **Les Palais Nomades**, de Gustave Kahn.

Exemplaires, grand format. . . . . . à 3 fr. 50

 —   — sur japon à 12 fr. »

Le directeur-gérant : ÉDOUARD DUJARDIN.

ASNIÈRES. — IMP. LOUIS BOYER ET Cⁱᵉ, 7, RUE DU BOIS.

Tirage certifié par le gérant et l'imprimeur de la **Revue Indépendante** : DEUX MILLE QUATRE-VINGTS.

Il n'est pas pris d'empreintes des compositions.